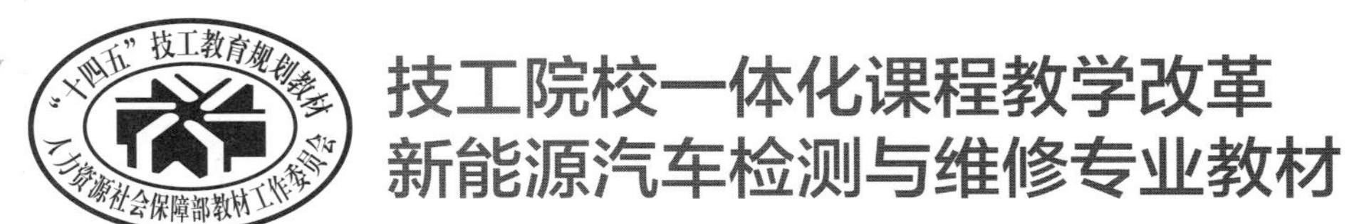

新能源汽车先进驾驶辅助系统故障诊断与排除

曹伟伟 / 主编

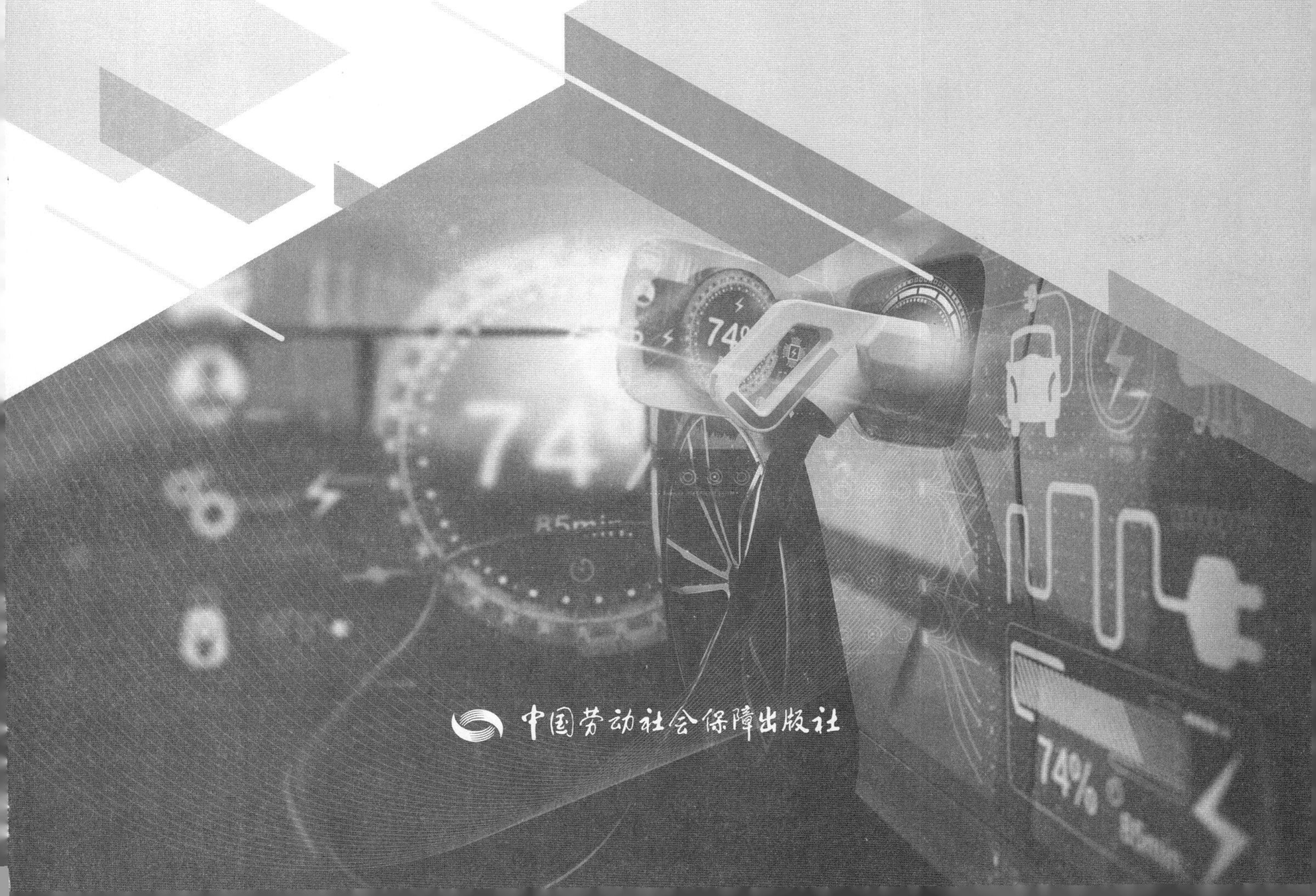

中国劳动社会保障出版社

内容简介

本书是技工院校一体化课程教学改革新能源汽车检测与维修专业教材，主要内容包括新能源汽车自适应巡航系统无法工作故障诊断与排除、新能源汽车车道保持系统功能失效故障诊断与排除、新能源汽车 360° 全景影像系统功能失效故障诊断与排除、新能源汽车自动泊车功能失效故障诊断与排除、新能源汽车自动紧急制动系统无法工作故障诊断与排除五个任务。

本书由曹伟伟任主编，张容、李景芝任副主编，马长春、胡海玲、马萌萌、李守纪、薛菲、周娜参加编写。

图书在版编目(CIP)数据

新能源汽车先进驾驶辅助系统故障诊断与排除 / 曹伟伟主编. -- 北京：中国劳动社会保障出版社，2022
技工院校一体化课程教学改革新能源汽车检测与维修专业教材
ISBN 978-7-5167-5675-1

Ⅰ. ①新…　Ⅱ. ①曹…　Ⅲ. ①新能源 – 汽车 – 自动驾驶系统 – 故障诊断 – 技工学校 – 教材②新能源 – 汽车 – 自动驾驶系统 – 故障修复 – 技工学校 – 教材　Ⅳ. ①U469.707

中国版本图书馆 CIP 数据核字（2022）第 208769 号

中国劳动社会保障出版社出版发行
（北京市惠新东街 1 号　邮政编码：100029）
*
北京市白帆印务有限公司印刷装订　新华书店经销

880 毫米 ×1230 毫米　16 开本　9.5 印张　220 千字
2022 年 12 月第 1 版　2025 年 7 月第 3 次印刷
定价：24.00 元

营销中心电话：400-606-6496
出版社网址：http://www.class.com.cn
http://jg.class.com.cn

前言

工学一体化技能人才培养模式是依据国家职业标准及技能人才培养标准，以综合职业能力培养为目标，将工作过程和学习过程融为一体，培育德技并修、技艺精湛的技能劳动者和能工巧匠的人才培养方式。自2009年起，我部通过分批试点方式逐步推进工学一体化课程教学改革，试点专业31个、试点院校近200所。试点实践表明，工学一体化技能人才培养模式教学效果得到教师、学生、家长的认可，培养质量得到企业等用人单位的好评，契合高技能人才培养的客观要求和技工教育特色发展的内在要求，是推进校企融合、提质培优的重要途径，是技工院校服务制造业和实体经济发展的务实举措。

教学改革的成果最终要以教材为载体进行体现和传播。为了更好地适应技工院校新能源汽车检测与维修专业开展工学一体化教学，我们组织有关学校的一线教师和行业、企业专家，在充分调研企业生产和学校教学情况的基础上，组织编写了部分技师层次的工学一体化教材。

教材以《新能源汽车检测与维修专业国家技能人才培养工学一体化课程标准（试用）》为依据，按照一体化工作页的形式编写，按照“明确工作任务→工作准备与计划制订→故障排除与交付→工作总结与评价”四个学习活动进行结构设计，并配套有参考答案，以便于教师教学和学生练习使用，参考答案可通过技工教育网（http://jg.class.com.cn）免费下载。

本次教材编写工作得到了北京汽车技师学院的大力支持，在此我们表示诚挚的谢意。

技工院校一体化课程教学改革教材编委会

2022 年 11 月

目　　录

学习任务一　新能源汽车自适应巡航系统无法工作故障诊断与排除

学习目标

1. 能描述自适应巡航系统的定义、功能、组成、按键功能、激活及解除条件，雷达传感器的类型和雷达的工作原理，自适应巡航控制器的标定要求和条件等，分析影响自适应工况的主要因素，正确判断自适应巡航系统的工作模式，并根据接车问诊单，明确故障现象、检修要求及工时等内容。

2. 能通过查阅资料，获取新能源汽车自适应巡航系统无法工作故障的原因和处理方法，以及水平仪等检测工具的使用方法。

3. 能根据故障检修要求，通过小组讨论，制订合理的检修方案。

4. 能根据故障检修要求，领取相关物料，并检查其好坏。

5. 能根据故障检修要求，进行自适应巡航系统无法工作故障的初步诊断，完成雷达及自适应巡航控制器的更换和标定，并交付验收。

6. 能对维修场地的相关设备进行日常维护与保养，按 7S 管理规定清理现场。

7. 能对相关资料、互联网资源进行检索，独立完成维修工单、工作页的填写。

8. 能展示工作成果，进行任务评价，总结工作经验。

9. 能在作业过程中严格执行企业操作规范、安全生产制度和环保管理制度，严格遵守从业人员的职业道德，具有吃苦耐劳、爱岗敬业的工作态度和职业责任感。

建议学时

40 学时

工作情境描述

某车主反映，其驾驶的北汽新能源 EU5（R550）汽车自适应巡航系统无法工作，车主将汽车送厂维修，维修技师验证故障现象后，通过观察仪表显示，读取车辆数据并结合以往的维修经验初步判断是前部毫米波雷达故障，要求汽车维修人员在 1 h 内对系统相关控制模块接头、线束连接、故障码、数据流等项目进行检查和分析，确定故障部位并排除故障，完成后交付验收。

工作流程与活动

1. 明确工作任务（8 学时）
2. 工作准备与计划制订（10 学时）
3. 故障排除与交付（16 学时）
4. 工作总结与评价（6 学时）

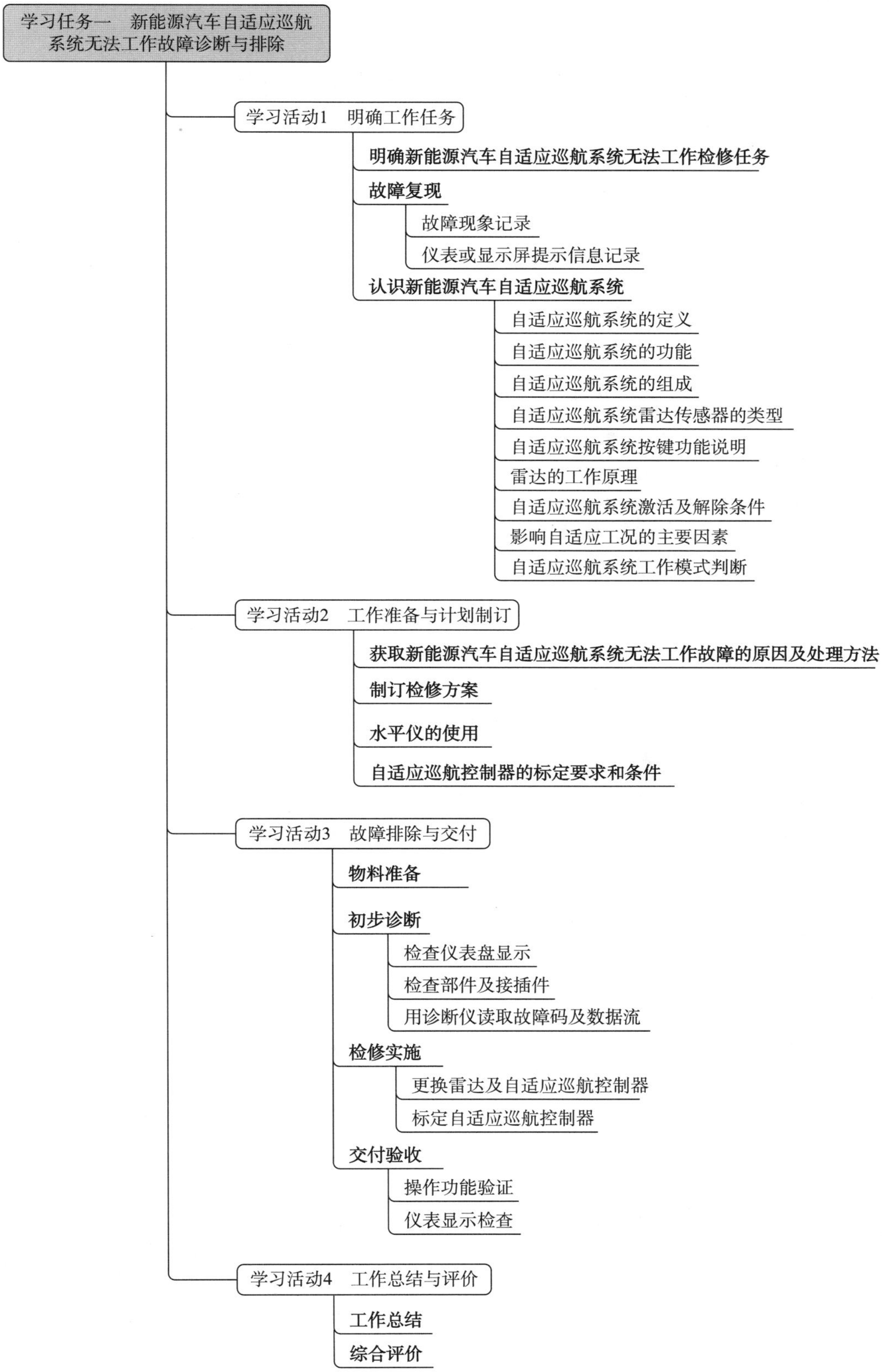

学习任务一　新能源汽车自适应巡航系统无法工作故障诊断与排除

- 学习活动1　明确工作任务
  - **明确新能源汽车自适应巡航系统无法工作检修任务**
  - **故障复现**
    - 故障现象记录
    - 仪表或显示屏提示信息记录
  - **认识新能源汽车自适应巡航系统**
    - 自适应巡航系统的定义
    - 自适应巡航系统的功能
    - 自适应巡航系统的组成
    - 自适应巡航系统雷达传感器的类型
    - 自适应巡航系统按键功能说明
    - 雷达的工作原理
    - 自适应巡航系统激活及解除条件
    - 影响自适应工况的主要因素
    - 自适应巡航系统工作模式判断
- 学习活动2　工作准备与计划制订
  - **获取新能源汽车自适应巡航系统无法工作故障的原因及处理方法**
  - **制订检修方案**
  - **水平仪的使用**
  - **自适应巡航控制器的标定要求和条件**
- 学习活动3　故障排除与交付
  - **物料准备**
  - **初步诊断**
    - 检查仪表盘显示
    - 检查部件及接插件
    - 用诊断仪读取故障码及数据流
  - **检修实施**
    - 更换雷达及自适应巡航控制器
    - 标定自适应巡航控制器
  - **交付验收**
    - 操作功能验证
    - 仪表显示检查
- 学习活动4　工作总结与评价
  - **工作总结**
  - **综合评价**

学习活动 1　明确工作任务

学习目标

1. 能通过与客户沟通，准确填写接车问诊单，确认故障车辆的基本信息和检修要求。

2. 能正确进行故障复现并准确记录故障现象和仪表、显示屏提示信息。

3. 能描述自适应巡航系统的定义、功能、组成、激活及解除条件。

4. 能描述自适应巡航系统雷达传感器的类型和雷达的工作原理。

5. 能描述自适应巡航系统各按键的功能和影响自适应工况的主要因素。

6. 能进行自适应巡航系统工作模式的判断。

建议学时

8 学时。

学习过程

一、明确新能源汽车自适应巡航系统无法工作检修任务

维修人员从维修主管处领取接车问诊单（表 1-1-1），与客户进行沟通，获取车辆型号、故障现象及故障时间等信息，正确填写接车问诊单，初步确认本次工作的基本内容。

表 1–1–1　　接车问诊单

<table>
<tr><td colspan="6">北汽新能源售后服务环检问诊单　　经销商代码：</td></tr>
<tr><td>客户姓名</td><td></td><td>车牌号</td><td></td><td>里程数</td><td>km</td></tr>
<tr><td>联系电话</td><td></td><td>VIN</td><td></td><td>进店时间</td><td>时　分</td></tr>
<tr><td>车型</td><td></td><td>颜色</td><td></td><td>预约客户</td><td>□是　□否</td></tr>
<tr><td>是否环检</td><td>□是　□否</td><td>维修类别</td><td>□保养　□机修
□钣喷　□其他</td><td>是否洗车</td><td>□是　□否</td></tr>
<tr><td colspan="4">客户描述</td><td colspan="2">初步诊断</td></tr>
<tr><td rowspan="6">问诊</td><td colspan="5">1. 发生的时间：□突然　□（　）天前　□（　）月前　□其他</td></tr>
<tr><td colspan="5">2. 症状出现频率：□经常　□偶尔　□____日 / 周 / 月____次</td></tr>
<tr><td colspan="5">3. 工作状态：□冷机　□热机　□启动时挡位（　）□空调开 / 关　□其他（　）</td></tr>
<tr><td colspan="5">4. 何时发生：□发动　□怠速　□起步　□行驶　□加 / 减速　□转弯　□倒车　□其他</td></tr>
<tr><td colspan="5">5. 道路状况：□高速路　□国道　□城市道路　□坡道　□颠簸路　□其他</td></tr>
<tr><td colspan="5">6. 天气状况：□晴天　□雨天　□阴天　□其他</td></tr>
<tr><td rowspan="13">车辆环检</td><td colspan="5">功能及物品确认</td></tr>
<tr><td>油 / 液</td><td colspan="2">□缺　□滴　□其他</td><td colspan="2" rowspan="12"></td></tr>
<tr><td>外部灯光</td><td colspan="2">□缺　□滴　□其他</td></tr>
<tr><td>内部灯光</td><td colspan="2">□缺　□滴　□其他</td></tr>
<tr><td>玻璃升降</td><td colspan="2">□缺　□滴　□其他</td></tr>
<tr><td>中央门锁</td><td colspan="2">□缺　□滴　□其他</td></tr>
<tr><td>空调系统</td><td colspan="2">□缺　□滴　□其他</td></tr>
<tr><td>音响系统</td><td colspan="2">□缺　□滴　□其他</td></tr>
<tr><td>点烟器</td><td colspan="2">□缺　□滴　□其他</td></tr>
<tr><td>备胎</td><td colspan="2">□缺　□滴　□其他</td></tr>
<tr><td>随车工具</td><td colspan="2">□缺　□滴　□其他</td></tr>
<tr><td>SOC 位置</td><td colspan="2">1/2
Empty　Full</td></tr>
<tr><td>车身外观确认</td><td colspan="2">□完好　□划伤　□损坏</td></tr>
<tr><td>其他事项</td><td colspan="5"></td></tr>
<tr><td colspan="6">1. 本人同意贵公司检查以上项目。2. 维修完成后，客户凭此单取车，请妥善保管。
客户：　　日期：　　服务顾问：　　日期：</td></tr>
<tr><td colspan="6">此单一式两联，服务顾问和客户各持一联</td></tr>
</table>

二、故障复现

说明：故障复现是非常重要的环节，是确认车辆真实故障的体现，要求学生能进行车辆正确的操作，必要时需进行试车，所以要求有驾驶执照。

方法：

学生在教师的指导下对自适应巡航系统进行操作，结合客户的表述，记录车辆故障现象及仪表、显示屏提示信息。

1. 故障现象记录

____

____

____

2. 仪表或显示屏提示信息记录

____

____

____

三、认识新能源汽车自适应巡航系统

1. 自适应巡航系统的定义

自适应巡航又称为__________________（图 1-1-1），是一种智能化的自动控制系统，驾驶人员设定所希望的车速，系统利用____________或____________探测前方 200 m 左右的距离，得到前车的确切位置，如果发现前车减速或监测到新目标，系统就会发送执行信号给____________或______________，以降低车速，使车辆和前车保持一个安全的行驶距离。当前方道路没有车时，系统又会使车辆加速恢复到设定的车速，雷达系统会自动监测下一个目标。

自适应巡航系统代替驾驶人员控制车速，避免了频繁取消和设定巡航控制，使巡航系统适合更多的路况，而驾驶人员________可以将脚从踏板上移开，只要关注转向盘即可，能大幅降低长途驾驶带来的疲劳，为驾驶人员提供一种更轻松的驾驶方式。

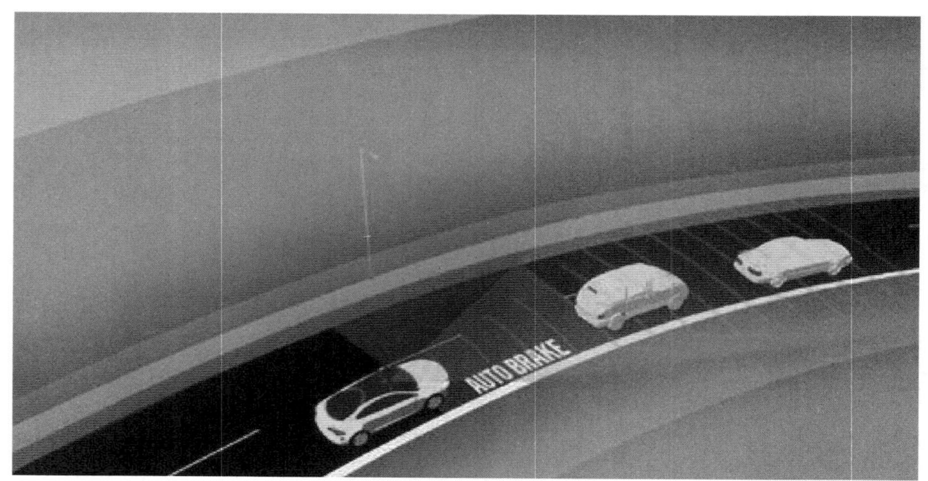

图 1-1-1　自适应巡航

2. 自适应巡航系统的功能

（1）____

（2）____

（3）____

（4）____

（5）____

3. 自适应巡航系统的组成

根据自适应巡航系统组成示意图（图 1–1–2），将自适应巡航系统控制单元中包含的部件名称补充完整。

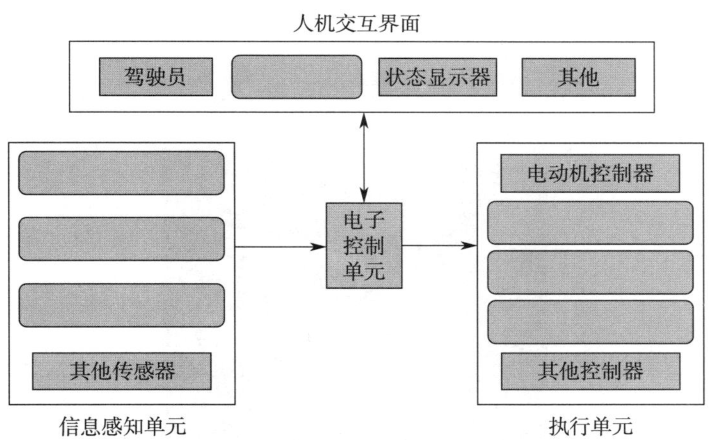

图 1–1–2　自适应巡航系统组成示意图

4. 自适应巡航系统雷达传感器的类型

目前市场上常见的自适应巡航系统雷达传感器有____________、____________、____________、____________以及____________等。查阅资料，在表 1–1–2 中写出以上各类传感器的优缺点。

表 1–1–2　自适应巡航系统雷达传感器及其优缺点

名称	优点	缺点

续表

名称	优点	缺点

5. 自适应巡航系统按键功能说明

根据图 1-1-3 说明自适应巡航系统按键的具体操作方法。

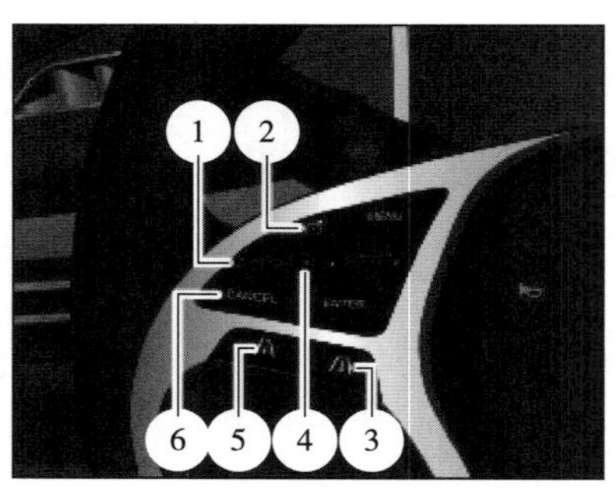

图 1-1-3　自适应巡航系统按键功能说明

1—激活 ACC 功能 / 跟车速度减小按键　2—自适应巡航总开关　3—减小距离按键
4—恢复 ACC 功能 / 跟车速度增加按键　5—增加距离按键　6—解除设定速度按键

（1）SET/-：激活 ACC 功能/跟车速度减小按键。

（2）自适应巡航总开关。

（3）DIST-：减小距离按键。

（4）RES/+：恢复 ACC 功能/跟车速度增加按键。

（5）DIST+：增加距离按键。

（6）解除设定速度按键。

6. 雷达的工作原理

查阅资料，结合图 1-1-4，简述雷达的工作原理。

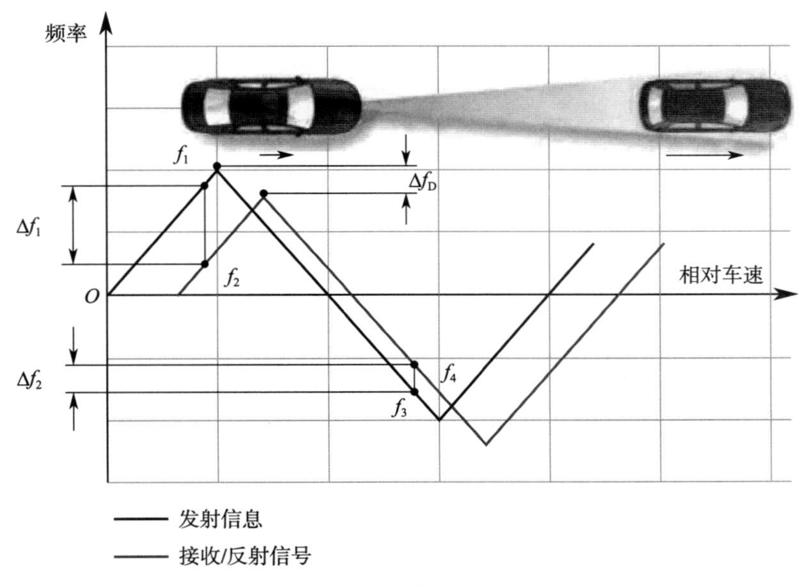

图 1-1-4　雷达信号图

7. 自适应巡航系统激活及解除条件

查阅新能源车型使用手册，简述自适应巡航系统的激活及解除条件。图 1-1-5 所示为自适应巡航系统显示界面。

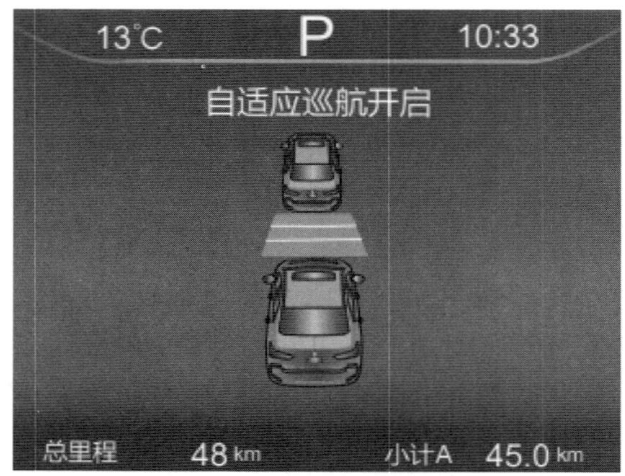

图 1-1-5　自适应巡航系统显示界面

（1）激活条件

（2）解除条件

8. 影响自适应工况的主要因素

根据表 1–1–3，判断汽车处于何种状态会影响自适应巡航系统的运行。

表 1–1–3　　自适应工况说明

行驶状态图示	状态说明	是否会影响
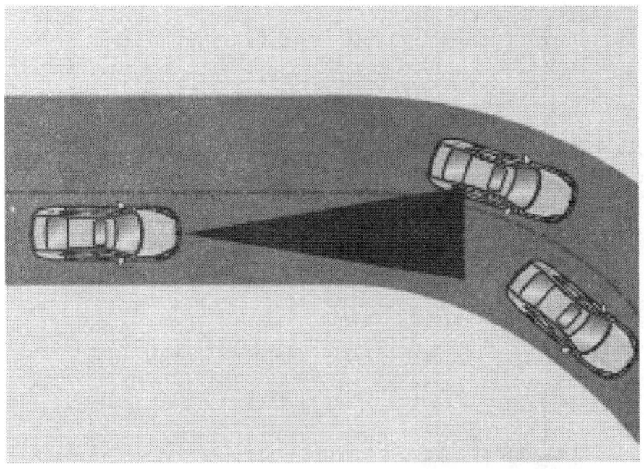	弯道行驶	是□　否□
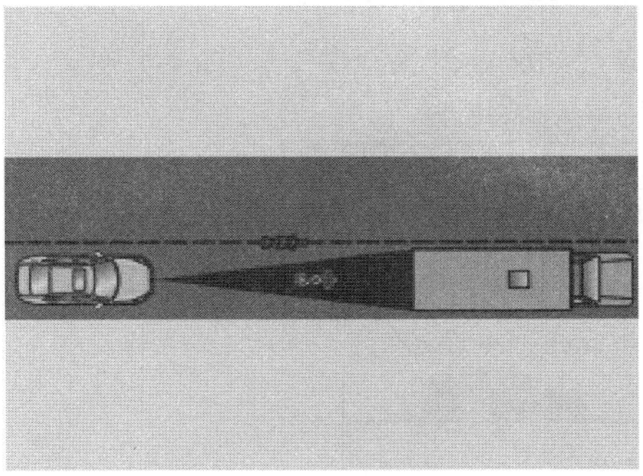	前方狭窄车辆（如摩托车）	是□　否□
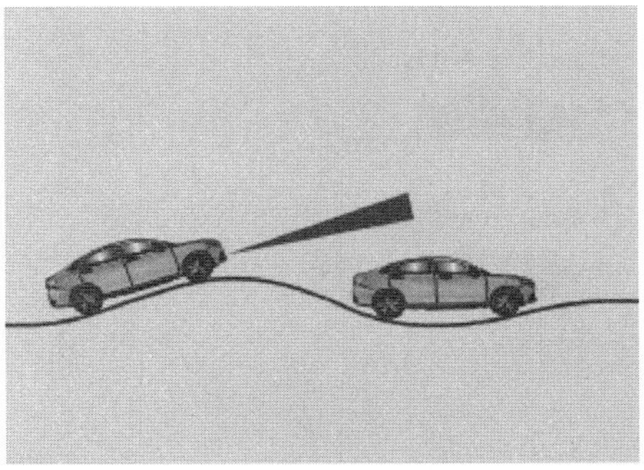	坡道	是□　否□

续表

行驶状态图示	状态说明	是否会影响
	装有特殊装载物 / 设备的车辆	是□　否□
	其他车辆变换车道	是□　否□

9. 自适应巡航系统工作模式判断

在图 1-1-6 中完成自适应巡航系统工作模式和对应图片的连线。

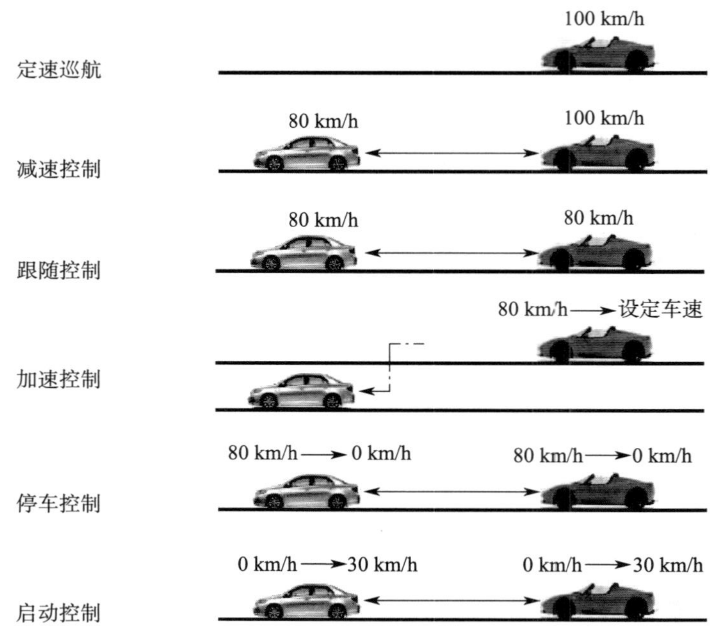

图 1-1-6　自适应巡航系统工作模式判断

学习活动 2　工作准备与计划制订

学习目标

1. 能正确分析自适应巡航系统无法工作的原因，给出可行的处理方法。

2. 能根据故障检修要求，通过小组讨论，制订合理的检修方案。

3. 能描述水平仪的使用方法及注意事项。

4. 能描述自适应巡航控制器的标定要求和条件。

建议学时

10 学时。

学习过程

一、获取新能源汽车自适应巡航系统无法工作故障的原因及处理方法

结合新能源车型自适应巡航系统电路图，根据故障现象和已有维修信息，分析自适应巡航系统无法工作可能的故障原因及处理方法，并填写表 1-2-1。

表 1-2-1　　自适应巡航系统无法工作的故障现象、故障原因及处理方法

故障现象	故障原因	处理方法

续表

故障现象	故障原因	处理方法

二、制订检修方案

根据自适应巡航系统无法工作故障的检修要求，进行小组讨论，制订检修方案。

1. 根据具体工作内容，明确小组成员分工，填写表 1-2-2。

表 1-2-2　小组成员分工

姓名	分工

2. 根据要求列出检修所需主要工具及材料清单，填写表 1-2-3。

表 1-2-3　检修所需主要工具及材料清单

序号	工具及材料名称	规格	数量	备注

续表

序号	工具及材料名称	规格	数量	备注

3. 根据小组分工情况及客户要求，制订具体的检修工序，填写表 1–2–4。

表 1–2–4　　检修工序安排

序号	检修工序内容	备注

制订检修方案之后，需要对方案内容进行可行性评估，并对实施地点、准备工作、检修过程等细节进行探讨分析，以保证后续检修安全、可靠地执行。以小组为单位就以上问题进行讨论，并根据讨论结果完善检修方案，记录主要修改内容。

三、水平仪的使用

1. 水平仪（图 1–2–1）是自适应巡航系统的专用标定工具，查阅资料，简述水平仪的结构组成及使用方法。

图 1-2-1　水平仪

2. 简述使用水平仪进行标定的注意事项。

四、自适应巡航控制器的标定要求和条件

自适应巡航控制器标定采用水平仪标定和驾驶标定相结合的方式。首先使用水平仪对垂直方向进行标定，再使用驾驶标定服务对水平方向进行标定，最终使行驶轴线与自适应巡航控制器轴线的偏差在一定的范围内。

1. 简述在哪些情况下需要进行自适应巡航控制器的标定。

2. 简述对自适应巡航控制器进行垂直方向标定和水平方向标定的要求及条件。

（1）垂直方向标定：

（2）水平方向标定：

3. 将表 1–2–5 中驾驶标定模式的驾驶条件补充完整。

表 1–2–5　　驾驶标定模式的驾驶条件

限制条件	阈值	超差提示
最小车速		
最大车速		
最小纵向加速度		
最大纵向加速度		
最大侧向加速度		
最大转弯曲率		
ABS、ASR、ESP、MSR 触发		

学习活动 3　故障排除与交付

学习目标

1. 能根据故障检修要求，领取相关物料，并检查其好坏。

2. 能通过检查自适应巡航系统仪表盘显示、部件及接插件状态，用诊断仪读取故障码及数据流，确定故障部位。

3. 能根据维修手册的要求，完成雷达和自适应巡航控制器的更换及标定。

4. 能正确进行自适应巡航系统操作功能验证和仪表显示检查，完成验收。

建议学时

16 学时。

学习过程

一、物料准备

根据自适应巡航系统无法工作故障检修流程的要求，在组长的带领下，就物料的名称、数量和型号进行核对，填写维修配件、材料领用单（表 1–3–1），为物料领取提供凭证。

表 1–3–1　　维修配件、材料领用单

维修项目	工时费	材料费			
		配件、材料名称	数量	单价	总价

续表

维修项目	工时费	材料费			
		配件、材料名称	数量	单价	总价
工时费总价		材料费总价			
维修技师：		领用日期：			

二、初步诊断

初步诊断主要包括检查仪表盘显示是否正常，检查部件及接插件是否破损、有无弯曲变形、连接是否松动等，用诊断仪读取故障码及数据流三方面内容。

1. 检查仪表盘显示

记录仪表盘显示的故障信息，如闪亮的故障灯、文字信息提示，并说明其含义。

2. 检查部件及接插件

（1）检查自适应巡航系统相关部件、雷达传感器（图 1-3-1）是否有破损。

提示：外力可能导致相关部件损坏，安装支架（图 1-3-2）变形会导致雷达传感器失效。

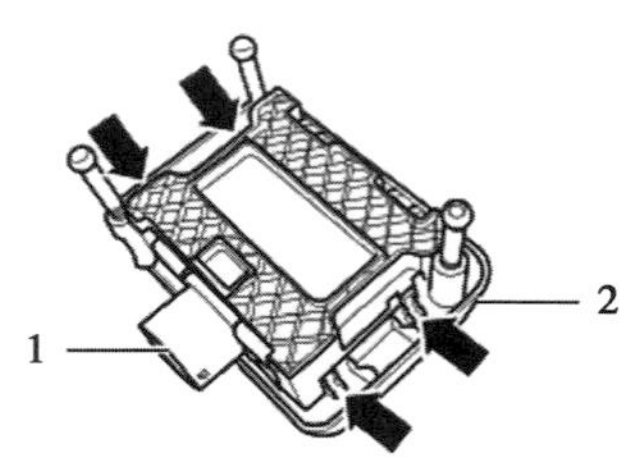

图 1-3-1　雷达传感器

1—插头　2—支架

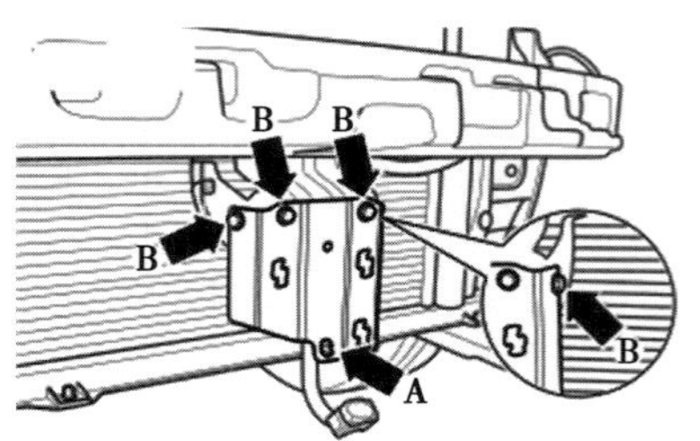

图 1-3-2　安装支架

A—线束固定卡　B—固定螺栓

（2）检查电路线束及接插件连接处是否对插到位，有无松动、破损、腐蚀等问题，若未达到要求则修复或更换。图 1-3-3 所示为连接器插头示意图，图 1-3-4 所示为雷达连接器插头。

提示：主要对自适应巡航系统内各部件及其他相关联模块的电路线束接插件进行检查。

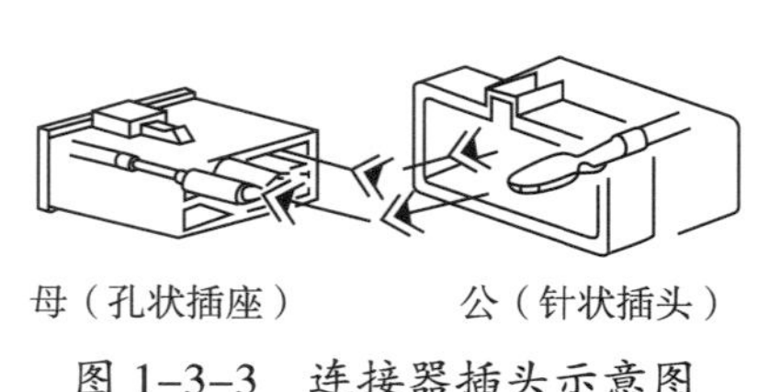

母（孔状插座）　　公（针状插头）

图 1-3-3　连接器插头示意图

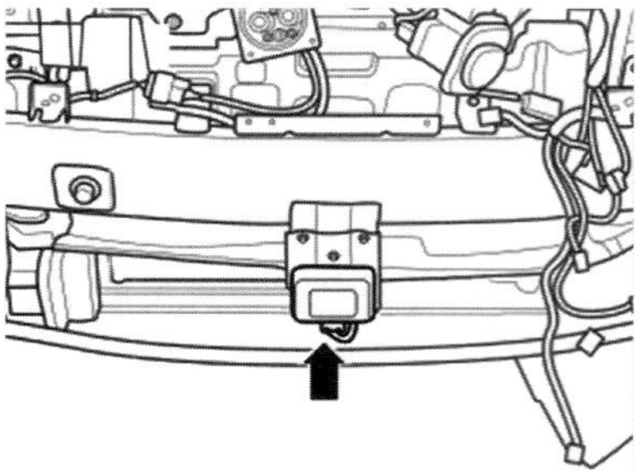

图 1-3-4　雷达连接器插头

（3）检查雷达传感器插件内的插针是否有退针、弯曲等异常现象，如有则修复或更换。

完成上述检查后填写表 1-3-2。

表 1-3-2　部件及接插件诊断记录表

序号	项目	诊断结果	维修建议
1	自适应巡航系统相关部件、雷达传感器外观		
2	电路线束及接插件连接紧固情况		
3	插件内的插针是否有退针、弯曲等异常现象		

3. 用诊断仪读取故障码及数据流

用诊断仪读取故障码及数据流，并填写故障码及数据流诊断记录表（表 1–3–3）。

表 1–3–3　　故障码及数据流诊断记录表

序号	项目	诊断结果	维修建议
1	故障码		
2	数据流		

三、检修实施

1. 更换雷达及自适应巡航控制器

（1）简述雷达插头的拆卸步骤及注意事项。

（2）根据表 1–3–4，完成自适应巡航控制器的更换。

表 1–3–4　　更换自适应巡航控制器

序号	图示	作业要领	完成情况
1	A—前保险杠组件固定螺栓　B—固定卡扣	旋出前保险杠组件固定螺栓，拆卸固定卡扣。固定螺栓规格：M6 × 1.0 × 20，拧紧力矩：4 ~ 6 N · m，使用工具：10 mm 六角套筒	完成□ 未完成□

续表

序号	图示	作业要领	完成情况
2	 1—自适应巡航控制器　2—自适应巡航控制器支架	脱开自适应巡航控制器与自适应巡航控制器支架的连接	完成□ 未完成□
3	 1—自适应巡航控制器	断开连接插头（图中箭头处），取下自适应巡航控制器	完成□ 未完成□
4	 A—线束固定卡　B—固定螺栓 1—自适应巡航控制器支架	撬出线束固定卡，旋出固定螺栓，取下自适应巡航控制器支架	完成□ 未完成□
5	—	安装以倒序进行	

2. 标定自适应巡航控制器

（1）根据表 1-3-5，完成自适应巡航控制器的水平标定。

表 1-3-5　　自适应巡航控制器的水平标定

序号	图示	作业要领	完成情况
1		将车辆停放在水平区域	完成□ 未完成□
2		拆卸自适应巡航控制器装饰罩	完成□ 未完成□
3	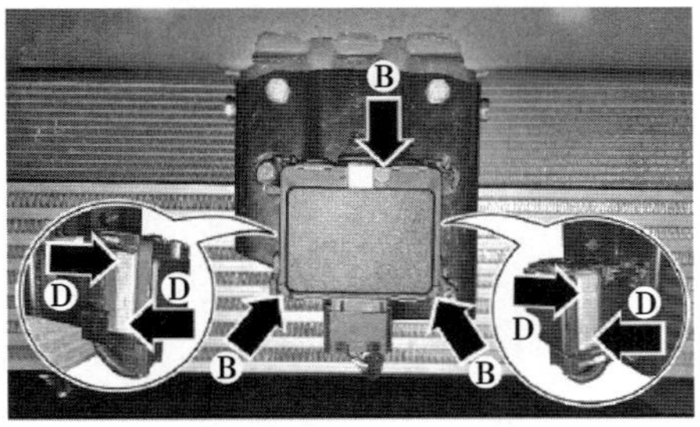 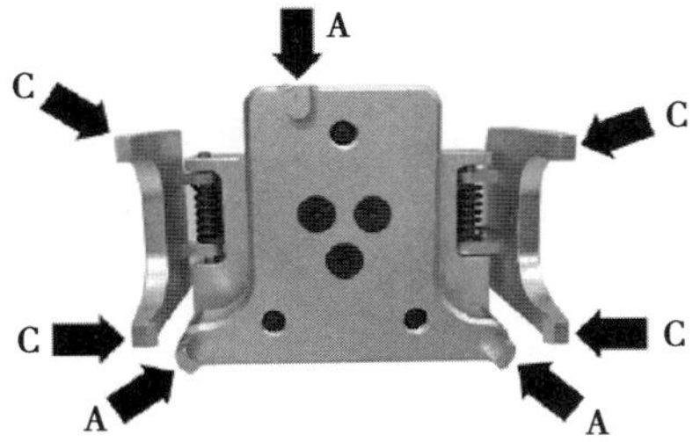 A—水平仪定位点　B、D—自适应巡航控制器凹槽 C—水平仪固定点	将水平仪安装至自适应巡航控制器 提示：将水平仪定位点卡入自适应巡航控制器凹槽（B），将水平仪固定点卡入自适应巡航控制器凹槽（D）	完成□ 未完成□
4	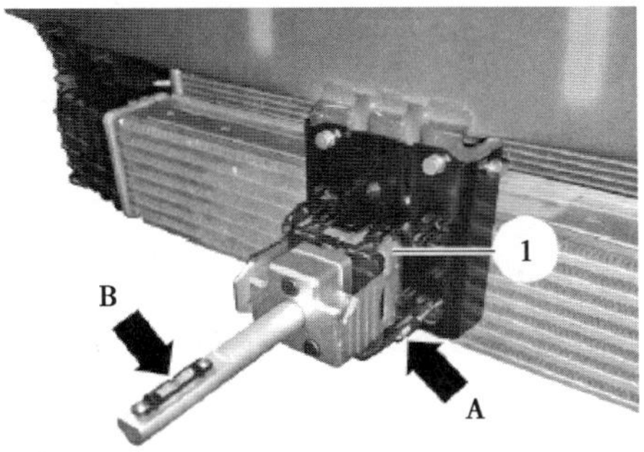 A—垂直方向标定螺栓　B—水平仪气泡 1—自适应巡航控制器	旋转自适应巡航控制器的垂直方向标定螺栓，使水平仪气泡在刻度线中间位置 提示：使水平仪显示数值接近地面倾斜度数值，误差保证在 ±0.3° 范围内	完成□ 未完成□

续表

序号	图示	作业要领	完成情况
5	 1 1—水平仪	从自适应巡航控制器上拆下水平仪	完成□ 未完成□

（2）根据表 1-3-6，完成自适应巡航控制器的驾驶标定。

表 1-3-6　自适应巡航控制器的驾驶标定

序号	图示	作业要领	完成情况
1	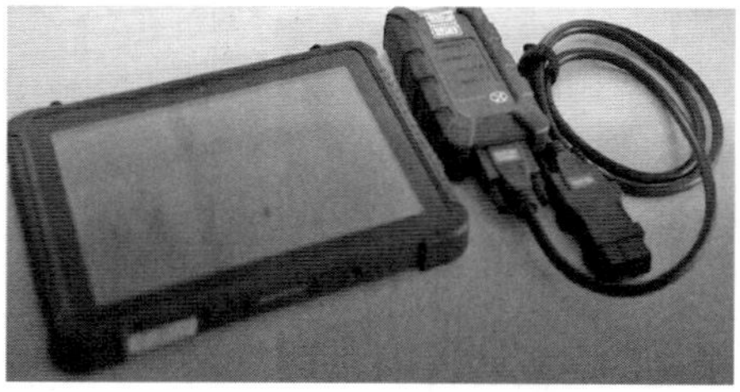	准备诊断仪	完成□ 未完成□
2	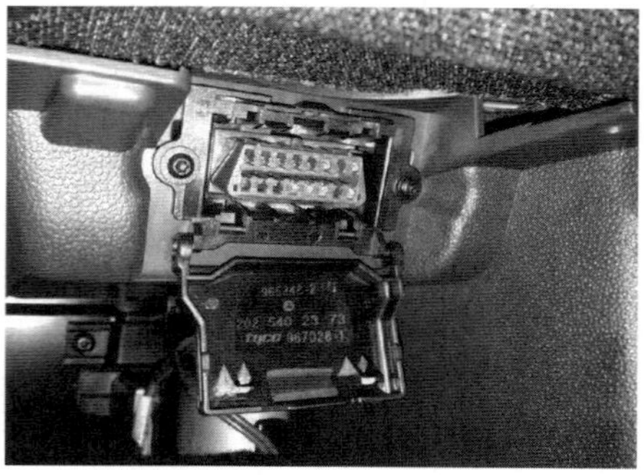	连接诊断仪插头到诊断接口上	完成□ 未完成□
3	 START ENGINE STOP	将点火开关置于“START”挡位	完成□ 未完成□

续表

序号	图示	作业要领	完成情况
4		在满足车辆驾驶的条件下，驾驶车辆试行驶	完成□ 未完成□
5		打开诊断仪，按照诊断仪上的指示，进入售后校准界面	完成□ 未完成□
6		车辆行驶时保持车速高于 40 km/h	完成□ 未完成□
7		在校准界面按“标定”按键开始标定，直到标定进度条显示100%，按“确定”按键完成标定	完成□ 未完成□
8		读取和清除系统故障码	完成□ 未完成□

四、交付验收

1. 操作功能验证

实际进行自适应巡航系统相关操作，验证故障现象是否消失，并记录操作过程中遇到的问题。

2. 仪表显示检查

检查仪表指示灯、文字显示、提示音是否正常。

完成上述检查后，填写验收记录（表 1–3–7）。

表 1–3–7 验收记录

序号	项目	标准	自检	小组长检验
1	故障码	无		
2	数据流	正常		
3	设备整理	齐全、完整		
4	场地清洁	符合 7S 标准		

学习活动 4　工作总结与评价

学习目标

1. 能以小组形式对学习过程和成果用展板等形式进行汇报总结。

2. 能在教师指导下完成对学习过程的综合评价。

3. 能根据实际情况任选一款车型，描述新能源汽车自适应巡航系统的结构、原理及主要部件的检修方法。

建议学时

6 学时。

学习过程

一、工作总结

以小组为单位，选择演示文稿、展板、海报、视频等形式中的一种或几种，向全班展示、汇报学习成果。

二、综合评价

针对本任务的学习情况，根据表 1–4–1 所列综合评价标准进行评分。

表 1-4-1　　综合评价标准

新能源汽车自适应巡航系统无法工作故障诊断与排除					日期：		
姓名：			学号：		班级：		
序号	评价项目	评价内容及标准	配分 / 分	评分要求	自评	互评	师评
1	工作组织与管理	□能进行有效沟通和团队协作 □能及时检查工作进展和效果，保证高质量完成工作 □能及时处理工作中遇到的问题，提出创新性、可行性建议，提高客户满意度	15	未完成 1 项扣 5 分，扣分不得超过 15 分			
2	安全与防护	□能规范进行工位 7S 操作 □能规范进行设备和工具的安全检查 □能规范进行车辆安全防护操作 □能规范进行工具清洁、校准和存放操作 □能规范进行三不落地（包括工量器具、设备及零部件、油污）操作	15	未完成 1 项扣 3 分，扣分不得超过 15 分			
3	工具使用	□能正确选用维修工具 □能正确使用维修工具进行拆装 □能正确使用水平仪进行标定	5	未完成 1 项扣 2 分，扣分不得超过 5 分			
4	资料收集与使用	□能正确使用维修手册查询资料 □能正确使用用户手册查询资料 □能在规定时间内查询所需资料 □能正确记录所查询资料的章节和页码 □能正确记录所需维修信息	5	未完成 1 项扣 1 分，扣分不得超过 5 分			
5	故障诊断	□能正确使用诊断仪检测数据流及故障码 □能正确分析电路 □能判断控制模块工作是否正常 □能判断系统数据流是否正常	20	未完成 1 项扣 5 分，扣分不得超过 20 分			
6	故障检修	□能正确操作自适应巡航系统 □能正确拆卸雷达及自适应巡航控制器 □能正确安装雷达及自适应巡航控制器 □能正确完成雷达的标定 □能正确完成自适应巡航系统的交付验收	35	未完成 1 项扣 7 分，扣分不得超过 35 分			
7	报告撰写	□字迹清晰 □语句通顺 □无错别字 □无涂改 □无抄袭	5	未完成 1 项扣 1 分，扣分不得超过 5 分			
总分			100	得分			
总评	自我评价 ×20%+ 小组评价 ×20%+ 教师评价 ×60%		综合得分		教师（签名）：		

拓展学习

1. 根据实际情况选择一种车型简述该车型自适应巡航系统的工作原理。

2. 根据所选车型自适应巡航系统的特点，完成表 1–4–2。

表 1–4–2　　______车型自适应巡航系统零部件的拆卸与检查

序号	自适应巡航系统零部件	拆卸步骤及注意事项	检测项目

学习任务二　新能源汽车车道保持系统功能失效故障诊断与排除

学习目标

1. 能描述车道保持系统的功能、分类、组成、工作原理及功能限制条件，通过车道保持系统组合仪表显示，分析车道保持系统的状态，并根据接车问诊单，明确故障现象、检修要求及工时等内容。

2. 能通过查阅资料，获取新能源汽车车道保持系统功能失效故障的原因和处理方法以及校准专用工具的使用方法，明确车道保持系统的校准要求和操作要点。

3. 能根据故障检修要求，通过小组讨论，制订合理的检修方案。

4. 能根据故障检修要求，领取相关物料，并检查其好坏。

5. 能根据故障检修要求，进行车道保持系统的初步诊断，完成车道保持系统控制单元的更换和系统校准，并交付验收。

6. 能对维修场地的相关设备进行日常维护与保养，按 7S 管理规定清理现场。

7. 能对相关资料、互联网资源进行检索，独立完成维修工单、工作页的填写。

8. 能展示工作成果，进行任务评价，总结工作经验。

9. 能在作业过程中严格执行企业操作规范、安全生产制度和环保管理制度，严格遵守从业人员的职业道德，具有吃苦耐劳、爱岗敬业的工作态度和职业责任感。

建议学时

40 学时

工作情境描述

某车主反映，其驾驶的新能源汽车仪表盘显示车道保持系统停止运作故障，车主将汽车送厂维修，维修技师验证故障现象后，通过观察仪表显示，读取车辆数据并结合以往的维修经验初步判断是车道保持系统控制单元故障，要求汽车维修人员在 1 h 内对系统相关控制模块接头、线束连接、故障码、数据流等项目进行检查和分析，确定故障部位并排除故障，完成后交付验收。

工作流程与活动

1. 明确工作任务（8 学时）
2. 工作准备与计划制订（10 学时）
3. 故障排除与交付（16 学时）
4. 工作总结与评价（6 学时）

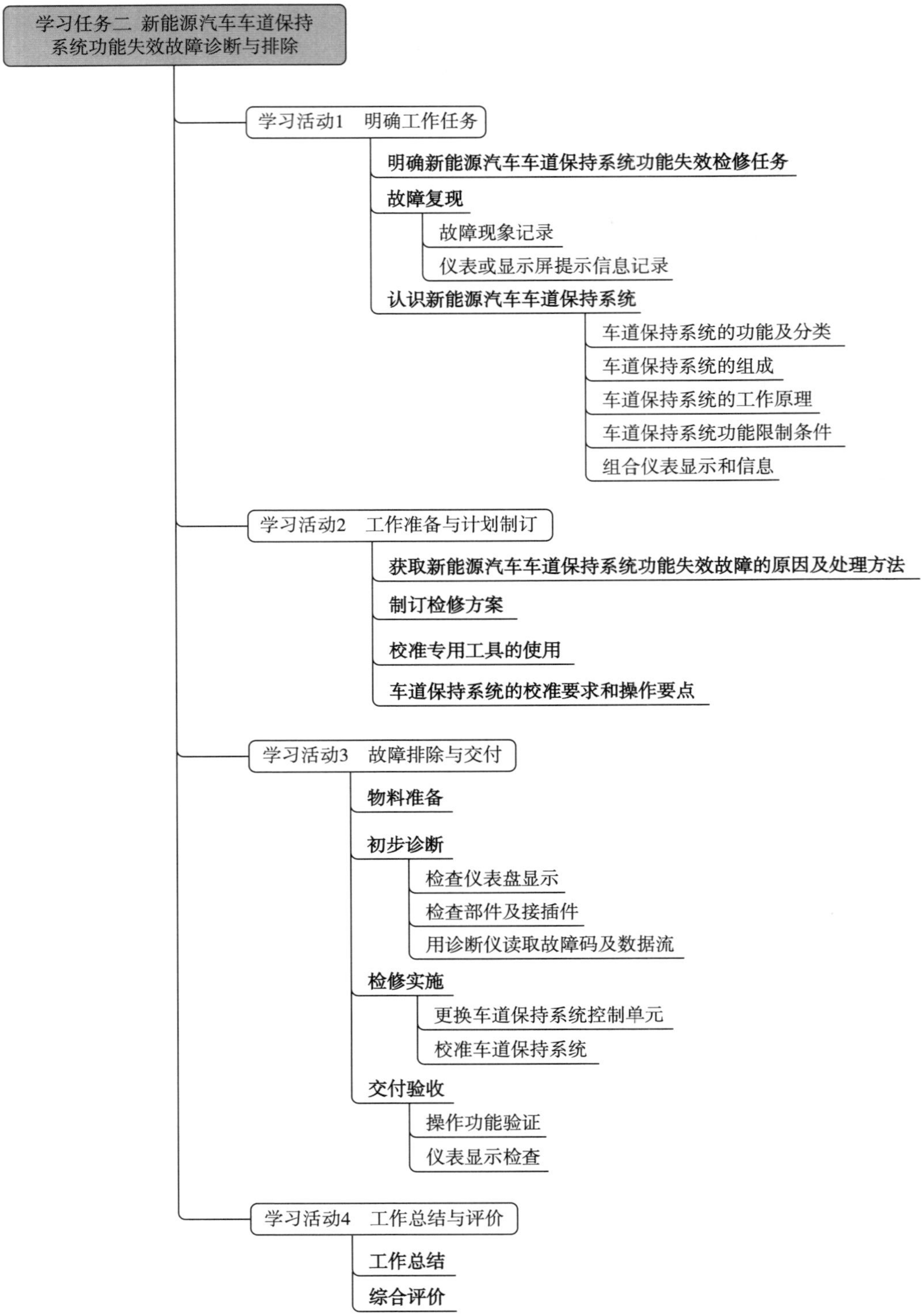

学习任务二 新能源汽车车道保持系统功能失效故障诊断与排除

- 学习活动1 明确工作任务
  - 明确新能源汽车车道保持系统功能失效检修任务
  - 故障复现
    - 故障现象记录
    - 仪表或显示屏提示信息记录
  - 认识新能源汽车车道保持系统
    - 车道保持系统的功能及分类
    - 车道保持系统的组成
    - 车道保持系统的工作原理
    - 车道保持系统功能限制条件
    - 组合仪表显示和信息
- 学习活动2 工作准备与计划制订
  - 获取新能源汽车车道保持系统功能失效故障的原因及处理方法
  - 制订检修方案
  - 校准专用工具的使用
  - 车道保持系统的校准要求和操作要点
- 学习活动3 故障排除与交付
  - 物料准备
  - 初步诊断
    - 检查仪表盘显示
    - 检查部件及接插件
    - 用诊断仪读取故障码及数据流
  - 检修实施
    - 更换车道保持系统控制单元
    - 校准车道保持系统
  - 交付验收
    - 操作功能验证
    - 仪表显示检查
- 学习活动4 工作总结与评价
  - 工作总结
  - 综合评价

学习活动 1 明确工作任务

学习目标

1. 能通过与客户沟通，准确填写接车问诊单，确认故障车辆的基本信息和检修要求。

2. 能正确进行故障复现并准确记录故障现象和仪表、显示屏提示信息。

3. 能描述车道保持系统的功能、分类、组成、工作原理及功能限制条件。

4. 能通过车道保持系统组合仪表显示，分析车道保持系统的状态。

建议学时

8 学时。

学习过程

一、明确新能源汽车车道保持系统功能失效检修任务

维修人员从维修主管处领取接车问诊单（表 2–1–1），与客户进行沟通，获取车辆型号、故障现象及故障时间等信息，正确填写接车问诊单，初步确认本次工作的基本内容。

表 2–1–1 接车问诊单

北汽新能源售后服务环检问诊单				经销商代码：	
客户姓名		车牌号		里程数	km
联系电话		VIN		进店时间	时 分
车型		颜色		预约客户	□是 □否

续表

<table>
<tr><td>是否环检</td><td>□是 □否</td><td>维修类别</td><td>□保养 □机修
□钣喷 □其他</td><td>是否洗车</td><td>□是 □否</td></tr>
<tr><td colspan="4">客户描述</td><td colspan="2">初步诊断</td></tr>
<tr><td rowspan="6">问诊</td><td colspan="5">1. 发生的时间：□突然 □（ ）天前 □（ ）月前 □其他</td></tr>
<tr><td colspan="5">2. 症状出现频率：□经常 □偶尔 □____日 / 周 / 月____次</td></tr>
<tr><td colspan="5">3. 工作状态：□冷机 □热机 □启动时挡位（ ） □空调开 / 关 □其他（ ）</td></tr>
<tr><td colspan="5">4. 何时发生：□发动 □怠速 □起步 □行驶 □加 / 减速 □转弯 □倒车 □其他</td></tr>
<tr><td colspan="5">5. 道路状况：□高速路 □国道 □城市道路 □坡道 □颠簸路 □其他</td></tr>
<tr><td colspan="5">6. 天气状况：□晴天 □雨天 □阴天 □其他</td></tr>
<tr><td rowspan="14">车辆环检</td><td colspan="5">功能及物品确认</td></tr>
<tr><td>油 / 液</td><td colspan="2">□缺 □滴 □其他</td><td colspan="2" rowspan="13"></td></tr>
<tr><td>外部灯光</td><td colspan="2">□缺 □滴 □其他</td></tr>
<tr><td>内部灯光</td><td colspan="2">□缺 □滴 □其他</td></tr>
<tr><td>玻璃升降</td><td colspan="2">□缺 □滴 □其他</td></tr>
<tr><td>中央门锁</td><td colspan="2">□缺 □滴 □其他</td></tr>
<tr><td>空调系统</td><td colspan="2">□缺 □滴 □其他</td></tr>
<tr><td>音响系统</td><td colspan="2">□缺 □滴 □其他</td></tr>
<tr><td>点烟器</td><td colspan="2">□缺 □滴 □其他</td></tr>
<tr><td>备胎</td><td colspan="2">□缺 □滴 □其他</td></tr>
<tr><td>随车工具</td><td colspan="2">□缺 □滴 □其他</td></tr>
<tr><td>SOC 位置</td><td colspan="2">1/2
Empty Full</td></tr>
<tr><td>车身外观确认</td><td colspan="2">□完好 □划伤 □损坏</td></tr>
<tr><td>其他事项</td><td colspan="5"></td></tr>
<tr><td colspan="6">1. 本人同意贵公司检查以上项目。2. 维修完成后，客户凭此单取车，请妥善保管。
客户： 日期： 服务顾问： 日期：</td></tr>
<tr><td colspan="6">此单一式两联，服务顾问和客户各持一联</td></tr>
</table>

二、故障复现

说明：故障复现是非常重要的环节，是确认车辆真实故障的体现，要求学生能进行车辆正确的操作，必要时需进行试车，所以要求有驾驶执照。

方法：

学生在教师的指导下对车道保持系统进行操作，结合客户的表述，记录车辆故障现象及仪表、显示屏提示信息。

1. 故障现象记录

____

____

____

2. 仪表或显示屏提示信息记录

____

____

____

三、认识新能源汽车车道保持系统

1. 车道保持系统的功能及分类

车道保持系统（lane keeping assistance，LKA）是先进驾驶辅助系统的一种，如图 2–1–1 所示。它使用__________来识别车道的__________，实时监测__________与__________的相对位置。当车辆行驶在__________内时，LKA 能使车辆尽可能行驶在车道标线__________，在很大程度上减轻驾驶者的驾驶负担，可防止因驾驶员疏忽而__________该车道。

图 2–1–1　车道保持系统

当汽车偏离车道时，不同车型所采取的措施不同，常见的防车道跑偏系统的类型有__________和__________。结合两者的特点，完成表 2–1–2。

表 2–1–2　对比两种不同类型的防车道跑偏系统

防车道跑偏系统类型		
转向盘		
提示音		
仪表显示		

2. 车道保持系统的组成

车道保持系统可以帮助驾驶员将车辆保持在原车道上行驶。车道保持系统主要由____________、____________、____________、____________、____________、____________组成。

（1）车道保持系统摄像头示意图如图 2–1–2 所示，它和____________是集成一体的，安装在____________，如需更换则必须____________。由于车型不同，有的两者是____________。

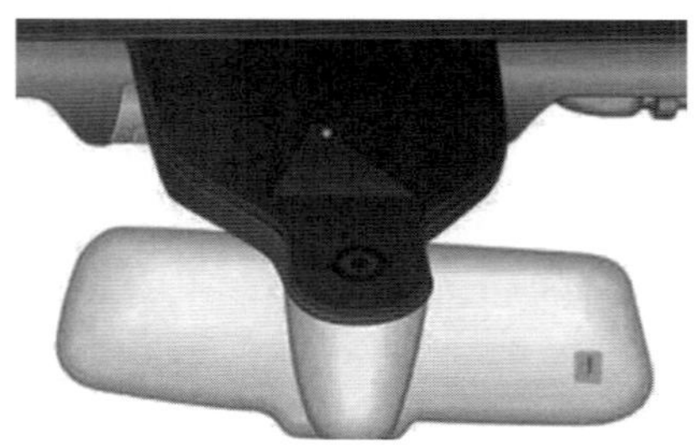

图 2–1–2　车道保持系统摄像头示意图

（2）电动助力转向系统主要是为了实现工作时车辆的____________，电动助力转向控制模块主要提供____________、____________等多种信号，经过数据处理后能对执行器做出精准操控，让转向盘实现____________。

（3）组合仪表指示灯在车道保持系统中具有重要作用，驾驶员通过仪表显示可以掌握车辆当前的状态。根据组合仪表中指示灯的颜色完成连线（图 2–1–3）。

灰色

黄色

绿色

已接通，但未激活（不会有振动提醒）　　已接通并已激活（会有警告提醒）　　已关闭

图 2–1–3　组合仪表中指示灯的颜色及其含义

（4）在图 2–1–4 中标出车道保持系统各按键的位置。

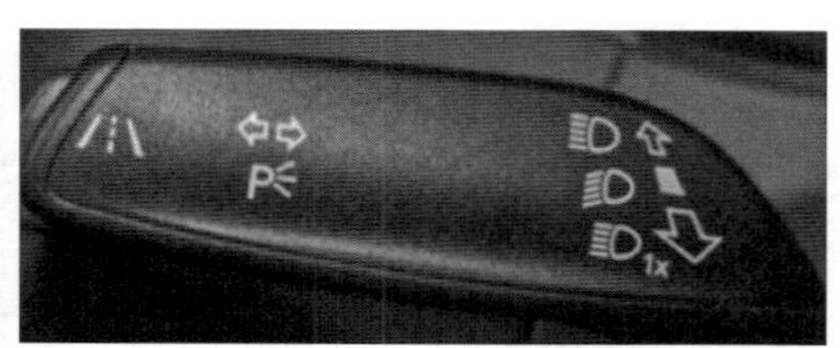

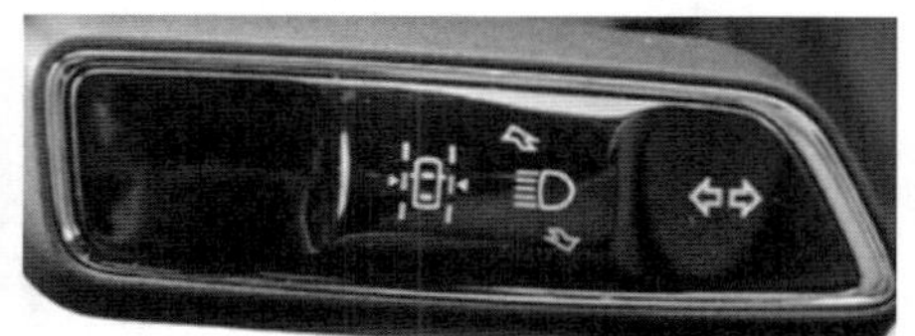

图 2–1–4　车道保持系统各按键的位置

（5）车道保持系统的振动电机（图 2–1–5）安装在____________________，由______________控制单元控制。振动电机可以使____________________产生振动，一般振动（警报）持续时间______________。振动电机若损坏，必须____。

图 2–1–5　车道保持系统振动电机

（6）为解决雨雪天气的影响，车道保持系统装备有__________________摄像头视窗，它与__________________共同去除摄像头视窗上的水雾和冰冻。

1）简述前风挡玻璃加热装置的工作原理。

2）在图 2–1–6 中写出前风挡玻璃加热装置各组成单元的名称。

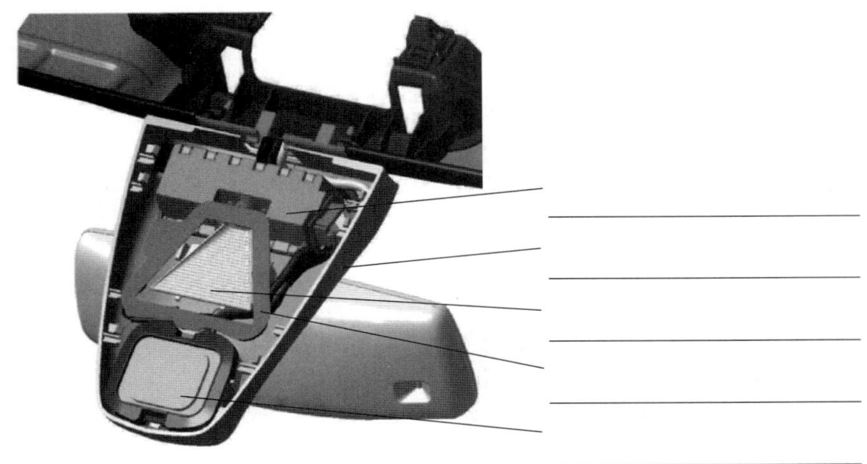

图 2–1–6　前风挡玻璃加热装置组成示意图

3. 车道保持系统的工作原理

（1）车道保持系统是通过将摄像头摄取的每幅数字图像用控制单元进行分析，检查灰度值是否存在大幅变化来识别车道的。根据表 2–1–3 图示内容，描述对应车道保持系统的工作原理。

表 2–1–3　车道保持系统的工作原理

图示	原理分析

续表

图示	原理分析

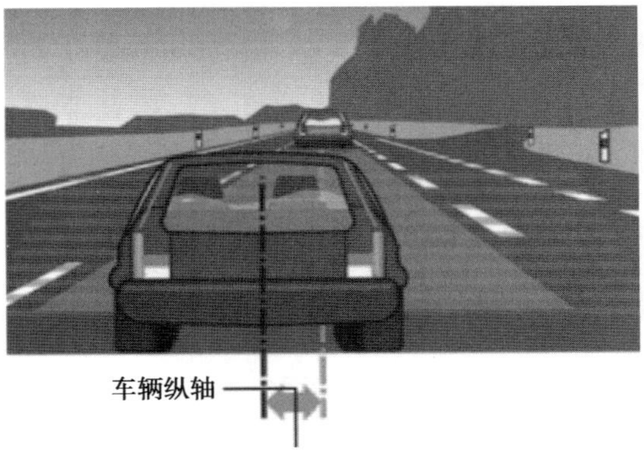 车辆纵轴	

如果数字图像中的＿＿＿＿＿＿＿＿＿＿＿＿＿＿，或者未能设置＿＿＿＿＿＿＿＿＿＿＿＿，导致系统无法识别车道走向，那么系统就会切换到＿＿＿＿＿＿＿＿＿＿＿＿，此时不发出警告。

（2）根据表 2-1-4 图示内容，分析车道保持系统在不同场合下的工作过程。

表 2-1-4　　车道保持系统在不同场合下的工作过程

图示	工作过程分析
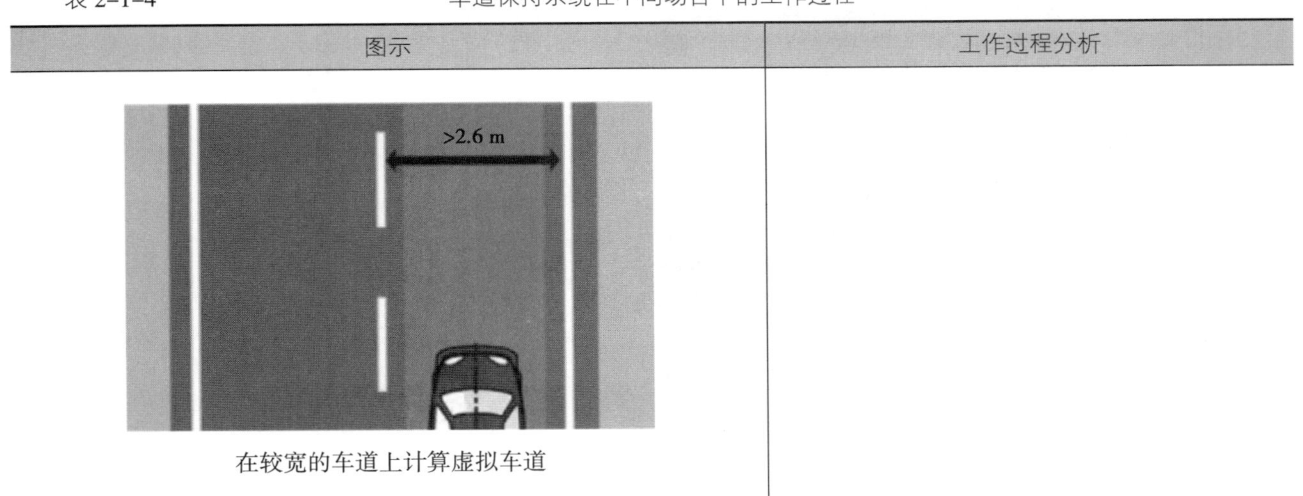 在较宽的车道上计算虚拟车道	

续表

图示	工作过程分析
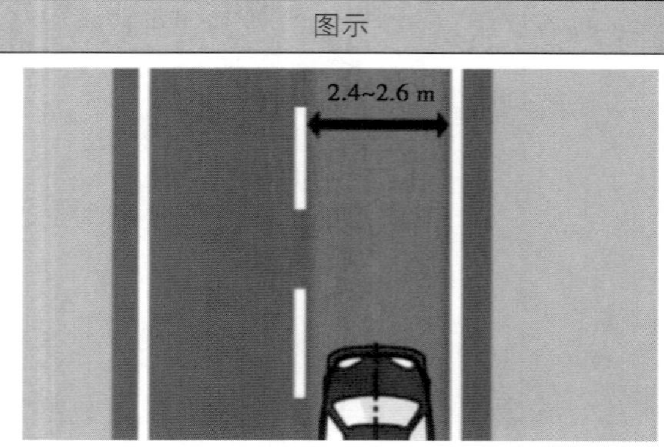在较窄的车道上计算虚拟车道	
使用识别出的内侧标线计算虚拟车道	
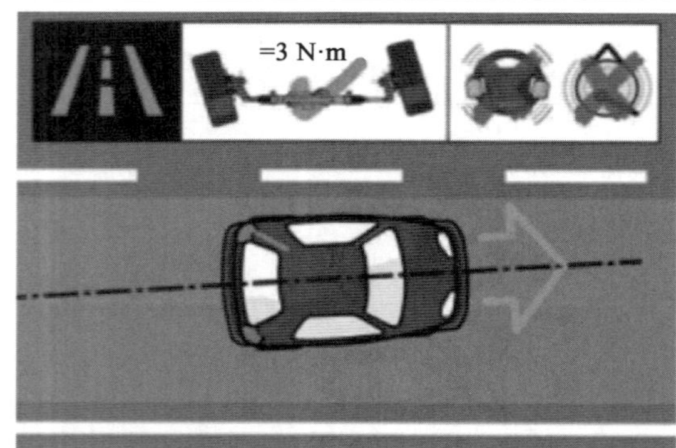缓慢行驶并靠近虚拟车道边缘线时，角度较为平缓	
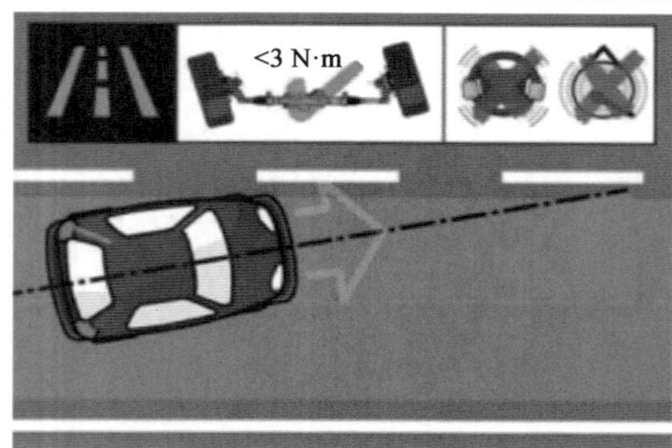快速行驶并靠近虚拟车道边缘线时，角度较为明显	

（3）车道保持系统除了监控车辆是否保持在车道内行驶之外，还识别驾驶员____________________________，从而判断其是否__________控制转向，如图 2–1–7 所示。如驾驶员在过度疲劳或者分心做其他事情时，手________________，当系统识别到这一状态的持续时间超过________________（不同车型设定值存在差异），便会__________________，组合仪表______________________，以此提醒驾驶员接管________________。

图 2–1–7　车道保持系统转向盘离手识别

（4）根据表 2–1–5 图示内容，分析车道保持系统所处的工作模式和工作状态。

表 2–1–5　车道保持系统的工作模式和工作状态

图示	工作模式	工作状态
≥ 65 km/h		
< 60 km/h		

（5）车道保持系统要正常工作，必须处于激活模式，这就需要车道保持系统满足一定的系统内部条件和环境条件，简述需要满足条件的内容。

4. 车道保持系统功能限制条件

受光线、天气及路面能见度等因素的影响，在某些情况下，车道保持系统可能无法识别出清晰的车道，从而无法据此计算出虚拟车道，以进入待机模式。根据表 2-1-6 图示内容，分析车道保持系统功能限制受何种因素影响，并简要分析原因。

表 2-1-6　　车道保持系统功能受限因素及原因分析

图示	受限因素及原因分析
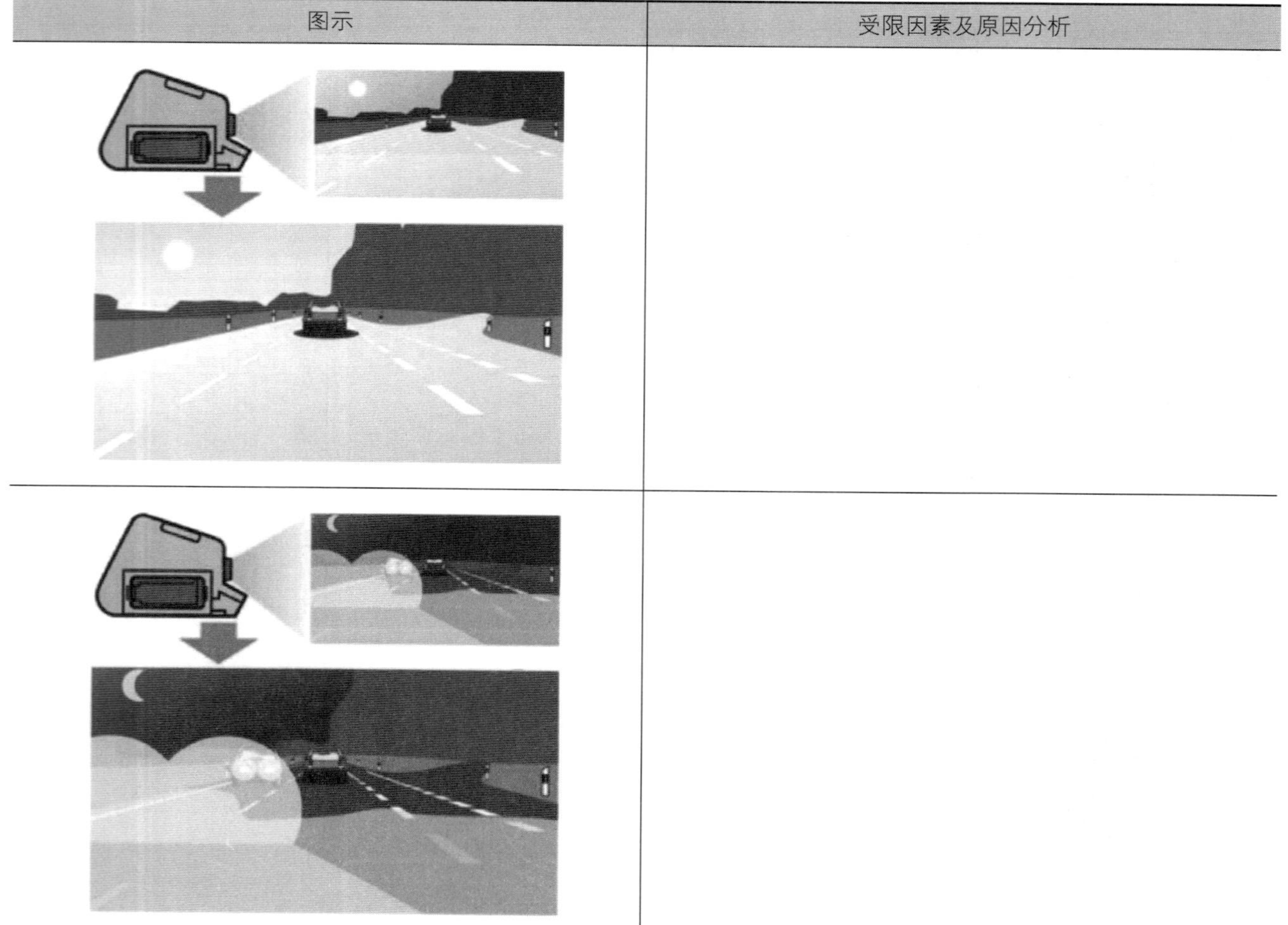	

续表

图示	受限因素及原因分析

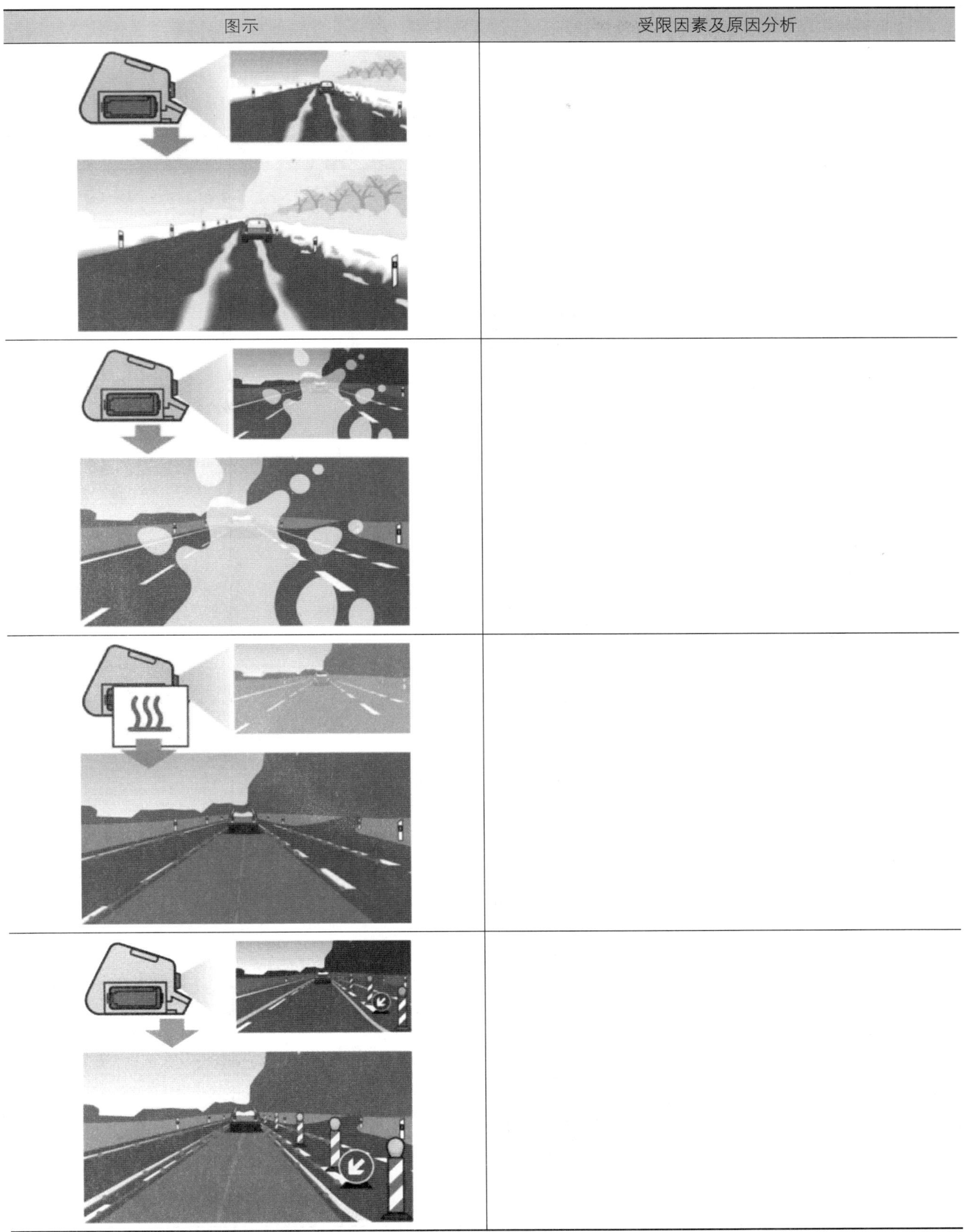

5. 组合仪表显示和信息

（1）不同车型车道保持系统组合仪表显示和信息有所不同，结合大众车型车道保持系统工作状态和运行受阻时的状态完成表 2-1-7 和表 2-1-8。

表 2-1-7　　车道保持系统工作状态组合仪表显示和信息

状况/示例	组合仪表显示	车辆反应	组合仪表文字信息

	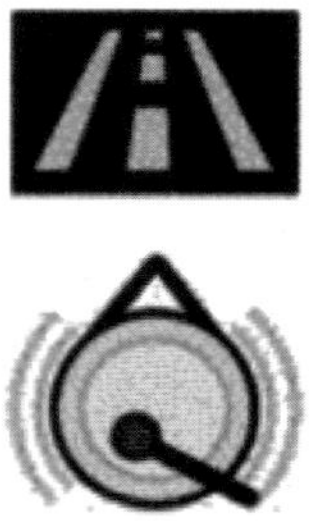		
	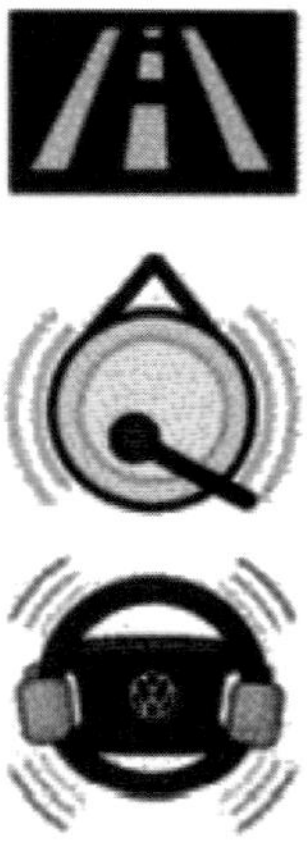		

表 2-1-8　　车道保持系统运行受阻状态组合仪表显示和信息

状况/示例	组合仪表显示	车辆反应	组合仪表文字信息

	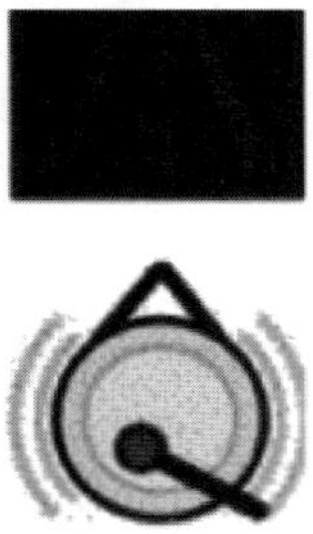		
	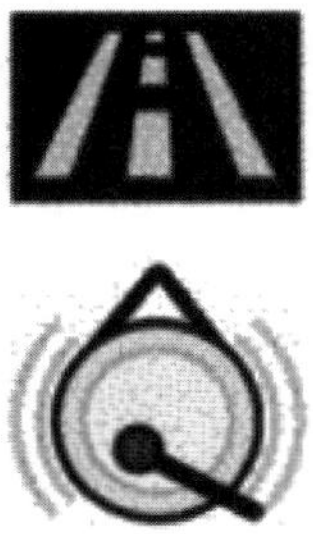		

（2）根据车道保持系统组合仪表显示和信息，以奥迪车型为例，分析表 2-1-9 中车道保持系统对应的状态（需要注意的是对装有 Highline 型组合仪表的奥迪汽车来说，组合仪表可以同时显示自适应定速巡航和车道保持系统的当前状态）。

表 2-1-9　　奥迪车道保持系统工作状态

组合仪表显示	车道保持系统状态	自适应定速巡航状态
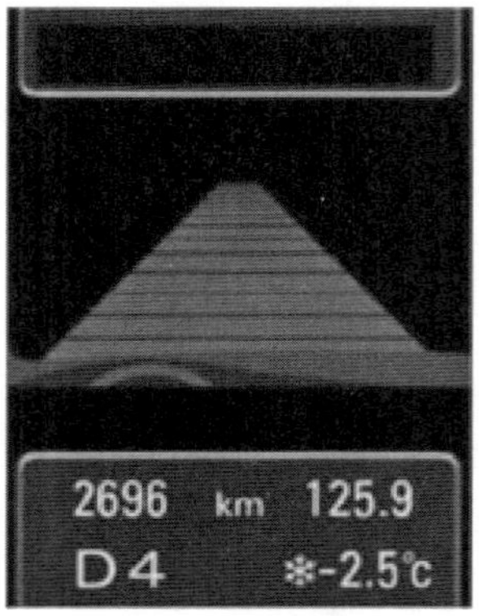		
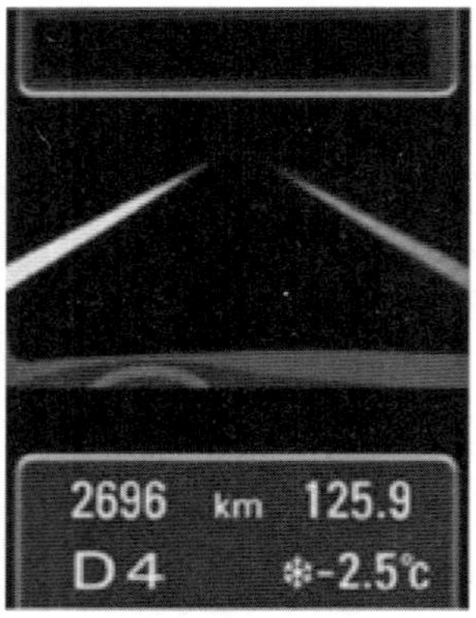		
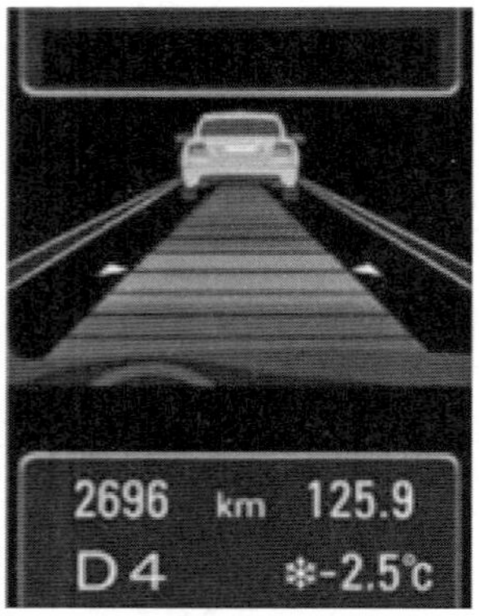		

续表

组合仪表显示	车道保持系统状态	自适应定速巡航状态
 2696 km 125.9 D4 ❄-2.5℃		
 2696 km 125.9 D4 ❄-2.5℃		

学习活动 2　工作准备与计划制订

学习目标

1. 能正确分析车道保持系统功能失效的原因，给出可行的处理方法。

2. 能根据故障检修要求，通过小组讨论，制订合理的检修方案。

3. 能描述车道保持系统校准专用工具的使用方法及注意事项。

4. 能描述车道保持系统的校准要求和操作要点。

建议学时

10 学时。

学习过程

一、获取新能源汽车车道保持系统功能失效故障的原因及处理方法

结合新能源车型车道保持系统电路图，根据故障现象和已有维修信息，分析车道保持系统功能失效可能的故障原因及处理方法，并填写表 2–2–1。

表 2–2–1　车道保持系统功能失效的故障现象、故障原因及处理方法

故障现象	故障原因	处理方法

续表

故障现象	故障原因	处理方法

二、制订检修方案

根据车道保持系统功能失效故障的检修要求，进行小组讨论，制订检修方案。

1. 根据具体工作内容，明确小组成员分工，填写表 2-2-2。

表 2-2-2　小组成员分工

姓名	分工

2. 根据要求列出检修所需主要工具及材料清单，填写表 2-2-3。

表 2-2-3　检修所需主要工具及材料清单

序号	工具及材料名称	规格	数量	备注

续表

序号	工具及材料名称	规格	数量	备注

3. 根据小组分工及客户需求，制订具体的检修工序，填写表 2-2-4。

表 2-2-4 检修工序安排

序号	检修工序内容	备注

制订检修方案之后，需要对方案内容进行可行性评估，并对实施地点、准备工作、检修过程等细节进行探讨分析，以保证后续检修安全、可靠地执行。以小组为单位就以上问题进行讨论，并根据讨论结果完善检修方案，记录主要修改内容。

三、校准专用工具的使用

1. 查阅资料，在表 2-2-5 中写出校准专用工具的名称、结构组成及使用方法。

表 2-2-5　　校准专用工具

图示	说明
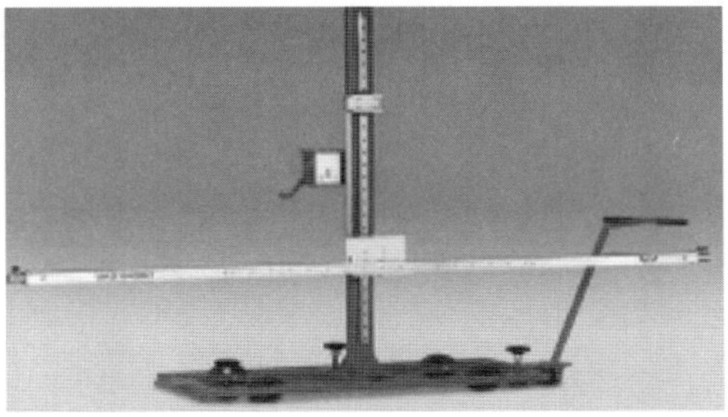	（1）名称： （2）结构组成： （3）使用方法：
	（1）名称： （2）结构组成： （3）使用方法：

2. 简述车道保持系统校准前需要注意的事项。

四、车道保持系统的校准要求和操作要点

为保证车道保持系统可以正确分析和解读数字图像数据，当其出现故障且需要维修时，要获得准确的车道信息提醒，必须在规定条件下进行校准，校准用于确定车载摄像头的实际方向角。

1. 简述在什么情况下需要进行车道保持系统的校准。

2. 简述车道保持系统校准的操作要点。

学习活动 3　故障排除与交付

学习目标

1. 能根据故障检修要求，领取相关物料，并检查其好坏。

2. 能通过检查车道保持系统仪表盘显示、部件及接插件状态，用诊断仪读取故障码及数据流，确定故障部位。

3. 能根据维修手册的要求，完成车道保持系统控制单元的更换和系统校准。

4. 能正确进行车道保持系统操作功能验证和仪表显示检查，完成验收。

建议学时

16 学时。

学习过程

一、物料准备

根据车道保持系统功能失效故障检修流程的要求，在组长的带领下，就物料的名称、数量和型号进行核对，填写维修配件、材料领用单（表 2–3–1），为物料领取提供凭证。

表 2–3–1　　维修配件、材料领用单

维修项目	工时费	材料费			
		配件、材料名称	数量	单价	总价

续表

维修项目	工时费	材料费			
		配件、材料名称	数量	单价	总价
工时费总价		材料费总价			
维修技师：		领用日期：			

二、初步诊断

初步诊断主要包括检查仪表盘显示是否正常，检查部件及接插件是否破损、有无弯曲变形、连接是否松动等，用诊断仪读取故障码及数据流三方面内容。

1. 检查仪表盘显示

记录仪表盘显示的故障信息，如闪亮的故障灯、文字信息提示等，并说明其含义。

2. 检查部件及接插件

检查车道保持系统相关部件是否有破损，电路线束及接插件连接处是否对插到位，有无松动、破损、腐蚀等问题，传感器插件内的插针是否有退针、弯曲等异常现象。

完成上述检查后填写表 2–3–2。

表 2-3-2　　部件及接插件检查记录表

序号	项目	检查结果	维修建议
1	摄像头和控制单元外观检查		
2	传感器外观检查		
3	线束和插接器外观检查		
4	线束和插接器连接情况检查		
5	断开插接器，目测插件内的插针是否有退针、弯曲等异常现象		
6	测量车道保持系统控制单元与诊断接口之间及诊断接口与搭铁之间线束的通断情况		
7	通过诊断接口测量控制单元波形		

3. 用诊断仪读取故障码及数据流

用诊断仪读取故障码及数据流，并填写故障码及数据流诊断记录表（表 2-3-3）。

表 2-3-3　　故障码及数据流诊断记录表

序号	项目	诊断结果	维修建议
1	故障码		
2	数据流		

三、检修实施

1. 更换车道保持系统控制单元

简述车道保持系统控制单元的拆装步骤及注意事项。

2. 校准车道保持系统

根据表 2–3–4，完成车道保持系统的校准。

表 2–3–4　校准车道保持系统

序号	图示	作业要领	完成情况
1		将轮毂夹头装在四个车轮上	完成□ 未完成□
2		将激光发射传感器安装到两个后车轮上	完成□ 未完成□

续表

序号	图示	作业要领	完成情况
3		组装基础校准架和校准板	完成□ 未完成□
4	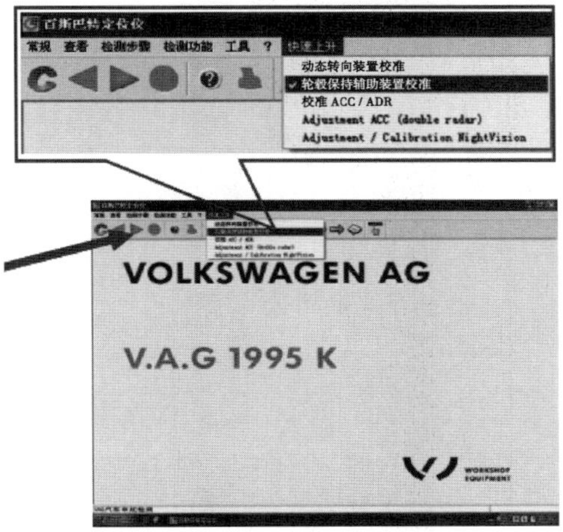	启动四轮定位仪计算机上的校准车道保持系统程序，按设备提示操作，完成组装件定位，必要时需进行偏位补偿	完成□ 未完成□
5	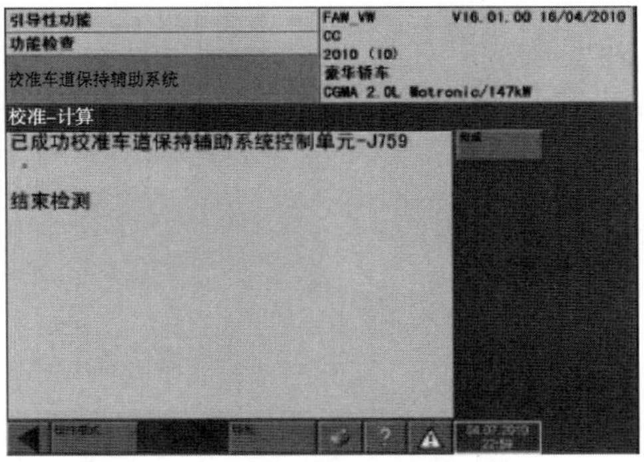	在诊断仪上找到校准程序并启动，进入车道保持系统，然后按提示依次完成校准	完成□ 未完成□

四、交付验收

1. 操作功能验证

根据表 2-3-5，实际进行车道保持系统相关操作，验证故障现象是否消失。

表 2-3-5　车道保持系统实际操作验证

序号	图片	作业要领	完成情况
1	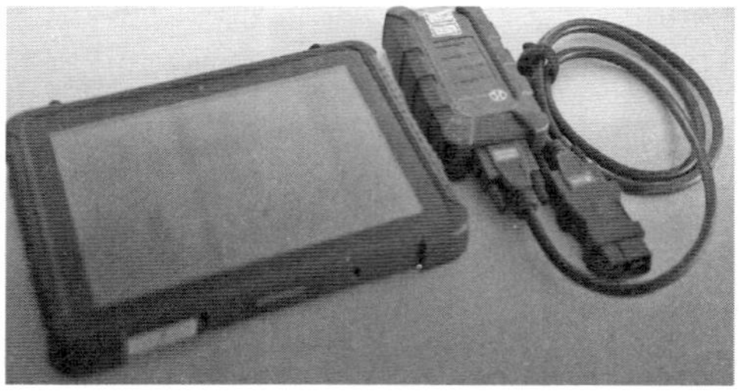	连接诊断仪，清除历史故障码	完成□ 未完成□
2		打开点火开关，将其置于“START”挡位	完成□ 未完成□
3		在满足车辆驾驶的条件下，驾驶车辆行驶	完成□ 未完成□
4		车辆行驶时保持车速大于 60 km/h	完成□ 未完成□
5		观察仪表显示和转向盘状态是否正常（有无振动、能否自主操作转向等），有无报警提示等	完成□ 未完成□

2. 仪表显示检查

检查仪表指示灯、文字显示、提示音是否正常。

完成后填写表 2–3–6。

表 2–3–6　仪表检查结果记录

诊断内容	是否正常
车道保持系统仪表指示灯显示：__________，颜色为_______色	是□　否□
车道保持系统仪表文字显示：____________________	是□　否□
车道保持系统仪表是否出现提示音	是□　否□

完成上述检查后，填写验收记录（表 2–3–7）。

表 2–3–7　验收记录

序号	项目	标准	自检	小组长检验
1	故障码	无		
2	数据流	正常		
3	设备整理	齐全、完整		
4	场地清洁	符合 7S 标准		

学习活动 4　工作总结与评价

学习目标

1. 能以小组形式对学习过程和成果用展板等形式进行汇报总结。

2. 能在教师指导下完成对学习过程的综合评价。

3. 能根据实际情况任选一款车型，描述车道保持系统的结构、原理及主要部件的检修方法。

建议学时

6 学时。

学习过程

一、工作总结

以小组为单位，选择演示文稿、展板、海报、视频等形式中的一种或几种，向全班展示、汇报学习成果。

二、综合评价

针对本任务的学习情况，根据表 2–4–1 所列综合评价标准进行评分。

表 2-4-1　　综合评价标准

新能源汽车车道保持系统故障诊断与排除					日期：		
姓名：		学号：			班级：		
序号	评价项目	评价内容及标准	配分 / 分	评分要求	自评	互评	师评
1	工作组织与管理	□能进行有效沟通和团队协作 □能及时检查工作进展和效果，保证高质量完成工作 □能及时处理工作中遇到的问题，提出创新性、可行性建议，提高客户满意度	15	未完成 1 项扣 5 分，扣分不得超过 15 分			
2	安全与防护	□能规范进行工位 7S 操作 □能规范进行设备和工具的安全检查 □能规范进行车辆安全防护操作 □能规范进行工具清洁、校准和存放操作 □能规范进行三不落地（包括工量器具、设备及零部件、油污）操作	15	未完成 1 项扣 3 分，扣分不得超过 15 分			
3	工具使用	□能正确选用维修工具和校准专用工具 □能正确使用维修工具进行拆装 □能正确使用校准专用工具进行校准	5	未完成 1 项扣 2 分，扣分不得超过 5 分			
4	资料收集与使用	□能正确使用维修手册查询资料 □能正确使用用户手册查询资料 □能在规定时间内查询所需资料 □能正确记录所查询资料的章节和页码 □能正确记录所需维修信息	5	未完成 1 项扣 1 分，扣分不得超过 5 分			
5	故障诊断	□能正确使用诊断仪检测数据流及故障码 □能正确分析电路 □能判断控制模块工作是否正常 □能判断系统数据流是否正常	20	未完成 1 项扣 5 分，扣分不得超过 20 分			
6	故障检修	□能正确操作车道保持系统 □能正确拆卸车道保持系统部件 □能正确安装车道保持系统部件 □能正确完成车道保持系统的校准 □能正确完成车道保持系统的交付验收	35	未完成 1 项扣 7 分，扣分不得超过 35 分			
7	报告撰写	□字迹清晰 □语句通顺 □无错别字 □无涂改 □无抄袭	5	未完成 1 项扣 1 分，扣分不得超过 5 分			
总分			100	得分			
总评	自我评价 ×20%+ 小组评价 ×20%+ 教师评价 ×60%		综合得分		教师（签名）：		

拓展学习

1. 根据实际情况选择一种车型简述该车型车道保持系统的工作原理。

2. 根据所选车型车道保持系统的特点，完成表 2–4–2。

表 2–4–2　　　　______车型车道保持系统零部件的拆卸与检查

序号	车道保持系统零部件	拆卸步骤及注意事项	检测项目

学习任务三　新能源汽车 360° 全景影像系统功能失效故障诊断与排除

学习目标

1. 能描述 360° 全景影像系统的定义、功能、组成、基本操作、工作原理及硬件管脚定义，并根据接车问诊单，明确故障现象、检修要求及工时等内容。

2. 能通过查阅资料，获取 360° 全景影像系统功能失效故障的原因和处理方法，以及 360° 全景影像系统的标定方法和标定流程。

3. 能根据故障检修要求，通过小组讨论，制订合理的检修方案。

4. 能根据故障检修要求，领取相关物料，并检查其好坏。

5. 能根据故障检修要求，进行 360° 全景影像系统的初步诊断，完成系统硬件（控制器、前视摄像头、后视摄像头、开启开关）的更换和系统的标定，并交付验收。

6. 能对维修场地的相关设备进行日常维护与保养，按 7S 管理规定清理现场。

7. 能对相关资料、互联网资源进行检索，独立完成维修工单、工作页的填写。

8. 能展示工作成果，进行任务评价，总结工作经验。

9. 能在作业过程中严格执行企业操作规范、安全生产制度和环保管理制度，严格遵守从业人员的职业道德，具有吃苦耐劳、爱岗敬业的工作态度和职业责任感。

40 学时

工作情境描述

某车主反映，其驾驶的北汽新能源 EU5（R550）汽车开启全景影像时，提示摄像头故障，前视摄像黑屏无显示。车主将汽车送厂维修，维修技师验证故障现象后，通过观察仪表显示，读取车辆数据并结合以往的维修经验初步判断是全景影像系统摄像头、连接线束或控制模块故障。要求汽车维修人员在 1 h 内对系统相关控制模块接头、线束连接、故障码、数据流等项目进行检查和分析，确定故障部位并排除故障，完成后交付验收。

工作流程与活动

1. 明确工作任务（10 学时）
2. 工作准备与计划制订（10 学时）
3. 故障排除与交付（14 学时）
4. 工作总结与评价（6 学时）

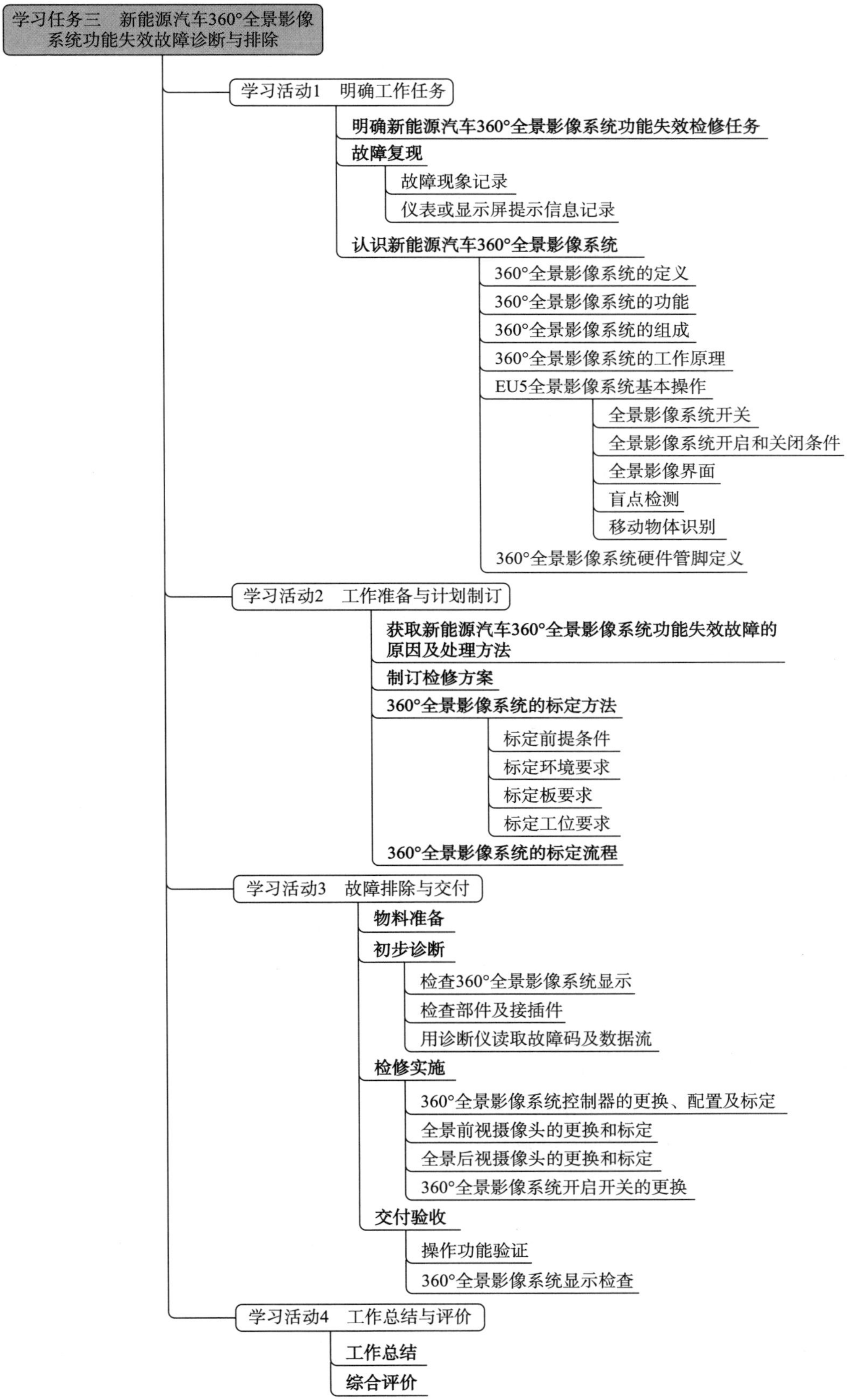

- 学习任务三　新能源汽车360°全景影像系统功能失效故障诊断与排除
  - 学习活动1　明确工作任务
    - **明确新能源汽车360°全景影像系统功能失效检修任务**
    - **故障复现**
      - 故障现象记录
      - 仪表或显示屏提示信息记录
    - **认识新能源汽车360°全景影像系统**
      - 360°全景影像系统的定义
      - 360°全景影像系统的功能
      - 360°全景影像系统的组成
      - 360°全景影像系统的工作原理
      - EU5全景影像系统基本操作
        - 全景影像系统开关
        - 全景影像系统开启和关闭条件
        - 全景影像界面
        - 盲点检测
        - 移动物体识别
      - 360°全景影像系统硬件管脚定义
  - 学习活动2　工作准备与计划制订
    - **获取新能源汽车360°全景影像系统功能失效故障的原因及处理方法**
    - **制订检修方案**
    - **360°全景影像系统的标定方法**
      - 标定前提条件
      - 标定环境要求
      - 标定板要求
      - 标定工位要求
    - **360°全景影像系统的标定流程**
  - 学习活动3　故障排除与交付
    - **物料准备**
    - **初步诊断**
      - 检查360°全景影像系统显示
      - 检查部件及接插件
      - 用诊断仪读取故障码及数据流
    - **检修实施**
      - 360°全景影像系统控制器的更换、配置及标定
      - 全景前视摄像头的更换和标定
      - 全景后视摄像头的更换和标定
      - 360°全景影像系统开启开关的更换
    - **交付验收**
      - 操作功能验证
      - 360°全景影像系统显示检查
  - 学习活动4　工作总结与评价
    - **工作总结**
    - **综合评价**

学习活动 1 明确工作任务

学习目标

1. 能通过与客户沟通，准确填写接车问诊单，确认故障车辆的基本信息和检修要求。

2. 能正确进行故障复现并准确记录故障现象和仪表、显示屏提示信息。

3. 能描述 360° 全景影像系统的定义、功能、组成和基本操作。

4. 能描述 360° 全景影像系统的工作原理和硬件管脚定义。

建议学时

10 学时。

学习过程

一、明确新能源汽车 360° 全景影像系统功能失效检修任务

维修人员从维修主管处领取接车问诊单（表 3-1-1），与客户进行沟通，获取车辆型号、故障现象及故障时间等信息，正确填写接车问诊单，初步确认本次工作的基本内容。

表 3-1-1 接车问诊单

北汽新能源售后服务环检问诊单				经销商代码：	
客户姓名		车牌号		里程数	km
联系电话		VIN		进店时间	时 分
车型		颜色		预约客户	□是 □否

续表

<table>
<tr><td>是否环检</td><td>□是　□否</td><td>维修类别</td><td>□保养　□机修
□钣喷　□其他</td><td>是否洗车</td><td colspan="2">□是　□否</td></tr>
<tr><td colspan="4">客户描述</td><td colspan="3">初步诊断</td></tr>
<tr><td rowspan="6">问诊</td><td colspan="6">1. 发生的时间：□突然　□（　）天前　□（　）月前　□其他</td></tr>
<tr><td colspan="6">2. 症状出现频率：□经常　□偶尔　□____日 / 周 / 月____次</td></tr>
<tr><td colspan="6">3. 工作状态：□冷机　□热机　□启动时挡位（　）　□空调开 / 关　□其他（　）</td></tr>
<tr><td colspan="6">4. 何时发生：□发动　□怠速　□起步　□行驶　□加 / 减速　□转弯　□倒车　□其他</td></tr>
<tr><td colspan="6">5. 道路状况：□高速路　□国道　□城市道路　□坡道　□颠簸路　□其他</td></tr>
<tr><td colspan="6">6. 天气状况：□晴天　□雨天　□阴天　□其他</td></tr>
<tr><td rowspan="13">车辆环检</td><td colspan="6">功能及物品确认</td></tr>
<tr><td>油 / 液</td><td colspan="2">□缺　□滴　□其他</td><td colspan="3" rowspan="12"></td></tr>
<tr><td>外部灯光</td><td colspan="2">□缺　□滴　□其他</td></tr>
<tr><td>内部灯光</td><td colspan="2">□缺　□滴　□其他</td></tr>
<tr><td>玻璃升降</td><td colspan="2">□缺　□滴　□其他</td></tr>
<tr><td>中央门锁</td><td colspan="2">□缺　□滴　□其他</td></tr>
<tr><td>空调系统</td><td colspan="2">□缺　□滴　□其他</td></tr>
<tr><td>音响系统</td><td colspan="2">□缺　□滴　□其他</td></tr>
<tr><td>点烟器</td><td colspan="2">□缺　□滴　□其他</td></tr>
<tr><td>备胎</td><td colspan="2">□缺　□滴　□其他</td></tr>
<tr><td>随车工具</td><td colspan="2">□缺　□滴　□其他</td></tr>
<tr><td>SOC 位置</td><td colspan="2">1/2
Empty　Full</td></tr>
<tr><td>车身外观确认</td><td colspan="2">□完好　□划伤　□损坏</td></tr>
<tr><td>其他事项</td><td colspan="6"></td></tr>
<tr><td colspan="7">1. 本人同意贵公司检查以上项目。2. 维修完成后，客户凭此单取车，请妥善保管。
客户：　　日期：　　服务顾问：　　日期：</td></tr>
<tr><td colspan="7">此单一式两联，服务顾问和客户各持一联</td></tr>
</table>

二、故障复现

说明：故障复现是非常重要的环节，是确认车辆真实故障的体现，要求学生能进行车辆正确的操作，必要时需进行试车，所以要求有驾驶执照。

方法：

学生在教师的指导下对 360° 全景影像系统进行操作，结合客户的表述，记录车辆故障现象及仪表、显示屏提示信息。

1. 故障现象记录

____

____

____

2. 仪表或显示屏提示信息记录

____

____

____

三、认识新能源汽车 360° 全景影像系统

1. 360° 全景影像系统的定义

360° 全景影像系统是一种________系统，由安装于车身四周的四个________和一个________构成。全景影像系统可以辅助驾驶员在进行倒车、驻车或转弯时对车辆周围环境一目了然，从而起到________、________的作用。该系统不但可以显示全景图，而且可以同时显示任意方向的单视图。

2. 360° 全景影像系统的功能

（1）______________________________

（2）______________________________

（3）______________________________

3. 360° 全景影像系统的组成

根据 360° 全景影像系统组成示意图（图 3–1–1），写出其组成零部件的名称。

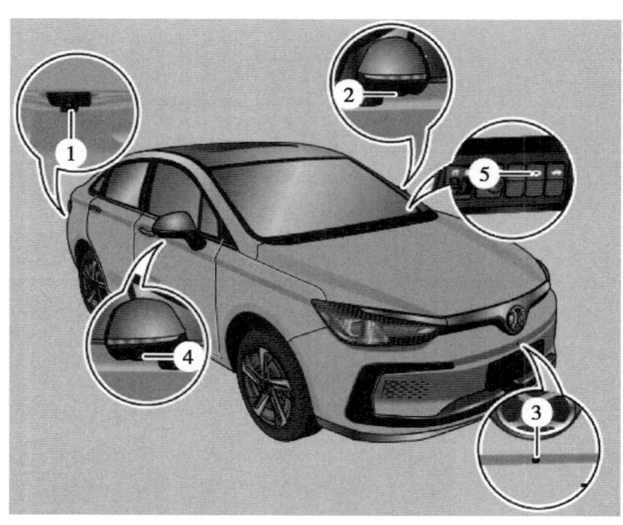

图 3–1–1　360° 全景影像系统组成示意图

1—________　2—________　3—________

4—________　5—________

4. 360° 全景影像系统的工作原理

查阅资料，结合图 3-1-2，简述全景影像系统的工作原理。

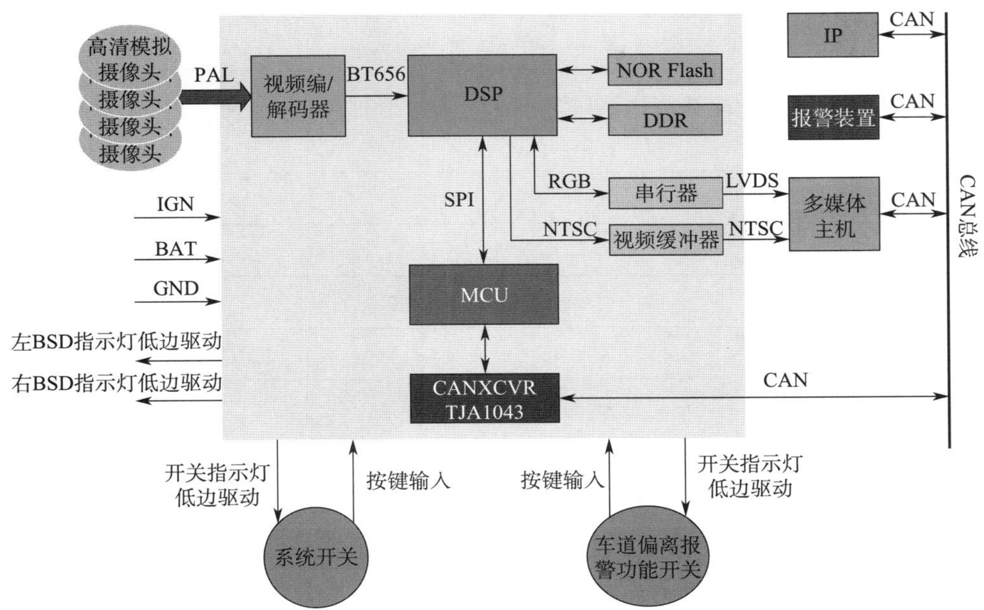

图 3-1-2　全景影像系统工作原理框图

5. EU5 全景影像系统基本操作

（1）全景影像系统开关

在图 3-1-3 中标出全景影像系统开关的位置。

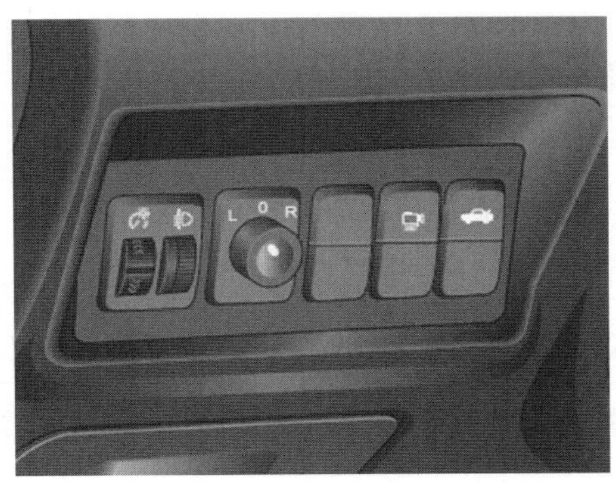

图 3-1-3　全景影像系统开关

（2）全景影像系统开启和关闭条件

满足以下任一条件，即可进入全景影像系统。

1）______________________________

2）______________________________

满足以下任一条件，即可退出全景影像系统。

1）______________________________

2）______________________________

3）______________________________

4）______________________________

5）______________________________

（3）全景影像界面

1）当进入全景影像界面后，中控显示屏会显示左右分屏的界面，如图 3-1-4 所示，写出图中 1～6 的名称。

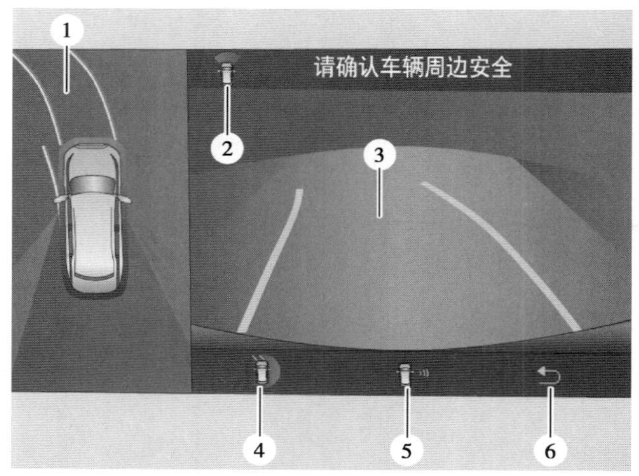

图 3-1-4　全景影像界面

1—__________　2—__________　3—__________

4—__________　5—__________　6—__________

2）倒车模式时，显示______________，触控全景视图中车辆的前、后、左、右区域可以切换至该区域所在的单侧视图。触控全景视图中的车辆可以切换到广角视图。

3）全景影像系统界面切换操作。系统启动时，默认画面为“前视图 + 全景视图”，如图 3-1-5 所示。可通过________、________或__________切换至其他视图。

4）前进低速模式时（0～15 km/h），默认显示“前视图 + 全景视图”，打______或______转向灯时，全景视图会切换到相应的 3D 左视图或 3D 右视图，如图 3-1-6 和图 3-1-7 所示。

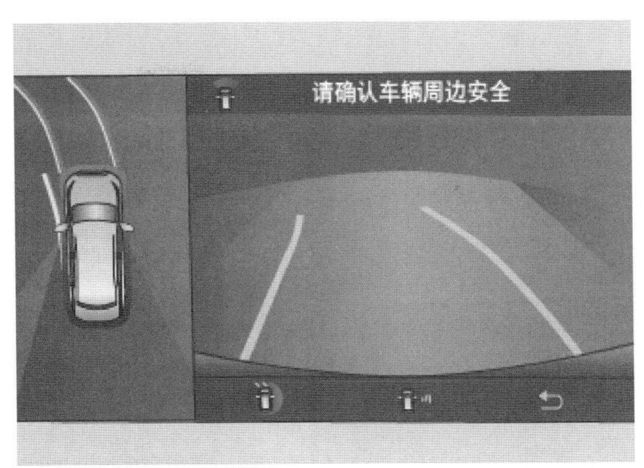

图 3-1-5 前视图 + 全景视图

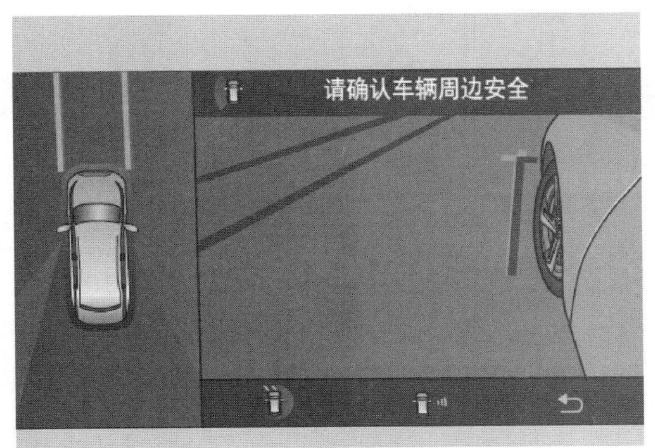

图 3-1-6 3D 左视图

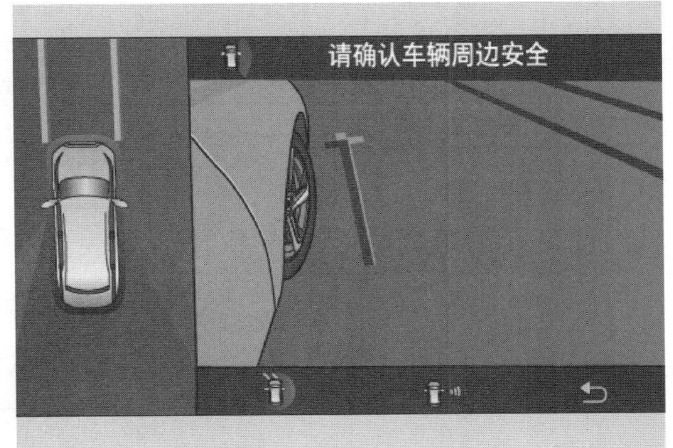

图 3-1-7 3D 右视图

5）全景影像系统辅助线。全景影像系统辅助线分为______和______两种，如图 3-1-8 所示。

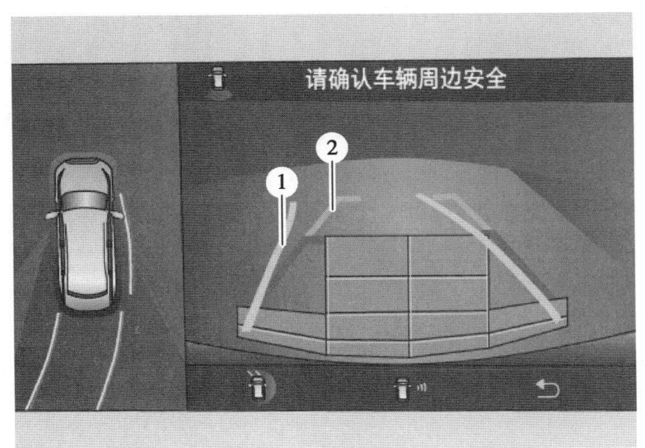

图 3-1-8 全景影像系统辅助线

1—______ 2—______

车辆处于______挡下，屏幕默认画面为后视图，该视图中会集成动态及静态辅助线。在不转动转向盘时，动态辅助线与静态辅助线______。转动转向盘时，动态辅助线将根据______________计算车辆行驶轨迹，以辅助驾驶员泊车。

当全景影像系统开启时，如果系统检测到故障信息，中控显示屏会显示文字提示，如图 3–1–9 所示。

图 3–1–9　全景影像系统故障

当全景影像系统开启时，如果系统检测到摄像头故障，中控显示屏会显示文字提示，如图 3–1–10 所示。

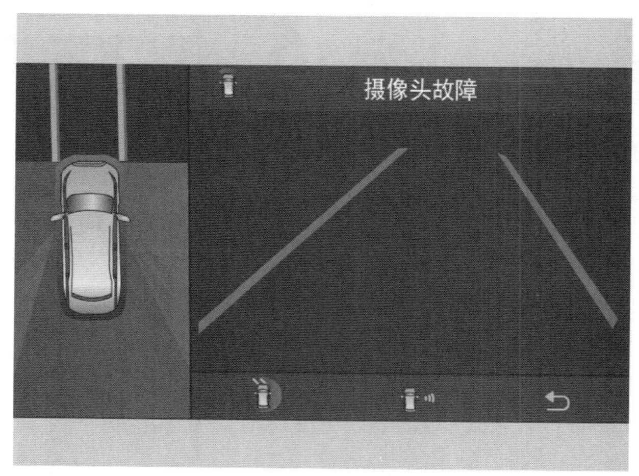

图 3–1–10　文字提示“摄像头故障”

（4）盲点检测

利用侧边摄像头对______________进行检测。当在系统设定的____________检测到行驶车辆，且驾驶员打开对应侧的____________时（系统认定驾驶员有变道意向），系统发出警报，提示驾驶员______________内有行驶车辆，如图 3–1–11 所示。

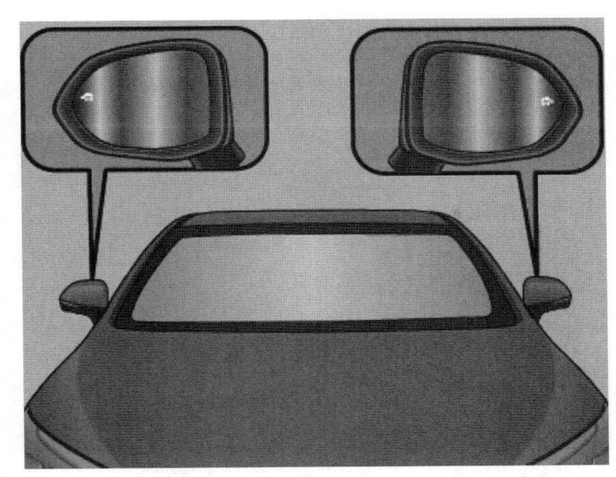

图 3–1–11　盲点检测

1）启动及关闭条件。当“启动/停止”按键位于“RUN”模式或者车辆已启动时，满足以下任一条件即可启动。

①________________

②________________

当盲点检测开启后，满足以下任一条件即可退出。

①________________

②________________

2）报警方式。当系统检测到移动车辆时，可提供________以及________报警。

3）检测范围

①________________

②________________

③________________

④________________

（5）移动物体识别

全景影像系统可以在摄像头影像中进行________识别，当系统在影像中检测到________时，系统会进行相应的提示，用于提醒驾驶员车辆周围有移动的物体，谨慎驾驶，如图 3–1–12 所示。

当全景影像系统启动/关闭时，移动物体识别功能随之启动/关闭。当系统检测到移动物体时，在全景影像对应区域内显示________，用于提示。

1）系统能检测的最小物体高约______cm、宽约______cm。

2）系统仅能检测车身前后约______m、左右约______m 以内的物体，不包括________范围。

3）当车辆车速不为 0 时，此功能被________。

图 3–1–12　移动物体识别

6. 360° 全景影像系统硬件管脚定义

（1）根据全景控制器管脚排列（图 3–1–13），将表 3–1–2 中全景控制器管脚的定义补充完整。

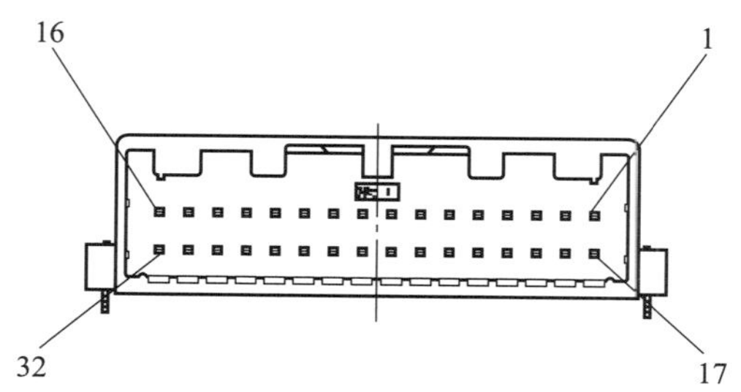

图 3–1–13　全景控制器管脚排列

表 3–1–2　全景控制器管脚的定义

管脚	定义	备注	管脚	定义	备注
1	AVOUT_P 视频输出正极信号	单芯屏蔽线（信号）	5	LDW_EN_LED_OUTPUT 车道偏离工作状态指示灯 LED	
2	LED_RIGHT_OUTPUT 右 BSD 报警 LED 输出		6	RIGHT_CAM_PWR_GND 右摄像头________________ ________________	
3	NA		7	LEFT_CAM_VIDEO_P 左摄像头视频输入________ ________________	单芯屏蔽线（信号）
4	RIGHT_CAM_VIDEO_GND 右摄像头视频____________ ________________	单芯屏蔽线（屏蔽层）	8	LEFT_CAM_PWR 左摄像头________________ ________________	

续表

管脚	定义	备注	管脚	定义	备注
9	REAR_CAM_VIDEO_GND 后视摄像头视频________ ________	单芯屏蔽线（屏蔽层）	21	RIGHT_CAM_VIDEO_P 右摄像头视频输入________ ________	单芯屏蔽线（信号）
10	NA		22	RIGHT_CAM_PWR 右摄像头________ ________	
11	REAR_CAM_PWR_GND 后视摄像头________ ________		23	LEFT_CAM_VIDEO_GND 左摄像头视频________ ________	单芯屏蔽线（屏蔽层）
12	FRONT_CAM_VIDEO_P 前视摄像头视频输入________ ________	单芯屏蔽线（信号）	24	NA	
13	FRONT_CAM_PWR 前视摄像头________ ________		25	LEFT_CAM_PWR_GND 左摄像头________ ________	
14	CAN_HIGH		26	REAR_CAM_VIDEO_P 后视摄像头视频输入________ ________	单芯屏蔽线（信号）
15	________		27	REAR_CAM_PWR 后视摄像头________ ________	
16	________		28	FRONT_CAM_VIDEO_GND 前视摄像头视频________ ________	单芯屏蔽线（屏蔽层）
17	AVOUT_GND 视频输出地	单芯屏蔽线（屏蔽层）	29	LDW_EN_INPUT LDW 开关	
18	NA		30	FRONT_CAM_PWR_GND 前视摄像头________ ________	
19	LED_LEFT_OUTPUT 左 BSD 报警 LED 输出		31	CAN_LOW ________	
20	SYS_EN_IN 全景影像系统开关		32	________ ________	

（2）根据全景影像系统摄像头管脚排列（图 3-1-14），将表 3-1-3 中全景影像系统摄像头管脚的定义补充完整。

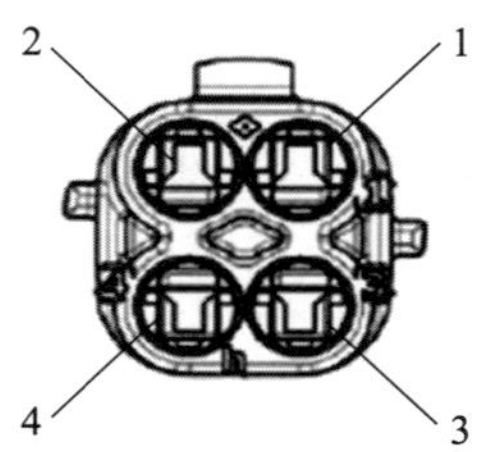

图 3-1-14　全景影像系统摄像头管脚排列

表 3-1-3　全景影像系统摄像头管脚的定义

管脚	定义	备注
1		
2		
3		单芯屏蔽线
4		单芯屏蔽线

学习活动 2　工作准备与计划制订

学习目标

1. 能正确分析 360° 全景影像系统功能失效故障的原因，给出可行的处理方法。

2. 能根据故障检修要求，通过小组讨论，制订合理的检修方案。

3. 能描述 360° 全景影像系统的标定方法和标定流程。

建议学时

10 学时。

学习过程

一、获取新能源汽车 360° 全景影像系统功能失效故障的原因及处理方法

新能源汽车 360° 全景影像系统功能失效故障的主要原因有泊车影像显示器损坏、系统开关损坏、系统控制器损坏、整车控制器损坏、摄像头损坏、线束断路/短路等，结合新能源汽车 360° 全景影像系统电路图，根据故障现象和已有维修信息，分析 360° 全景影像系统功能失效的故障原因及处理方法，并填写表 3–2–1。

表 3–2–1　360° 全景影像系统功能失效的故障现象、故障原因及处理方法

故障现象	故障原因	处理方法

续表

故障现象	故障原因	处理方法

二、制订检修方案

根据 360° 全景影像系统功能失效故障的检修要求，进行小组讨论，制订检修方案。

1. 根据具体工作内容，明确小组成员分工，填写表 3–2–2。

表 3–2–2 小组成员分工

姓名	分工

2. 根据要求列出检修所需主要工具及材料清单，填写表 3–2–3。

表 3–2–3 检修所需主要工具及材料清单

序号	工具及材料名称	规格	数量	备注

续表

序号	工具及材料名称	规格	数量	备注

3. 根据小组分工情况及客户要求，制订具体的检修工序，填写表 3–2–4。

表 3–2–4　　检修工序安排

序号	检修工序内容	备注

制订检修方案之后，需要对方案内容进行可行性评估，并对实施地点、准备工作、检修过程等细节进行探讨分析，以保证后续检修安全、可靠地执行。以小组为单位就以上问题进行讨论，并根据讨论结果完善检修方案，记录主要修改内容。

三、360° 全景影像系统的标定方法

售后标定系统如图 3–2–1 所示，主要由__________、__________、__________、__________、__________及__________组成。

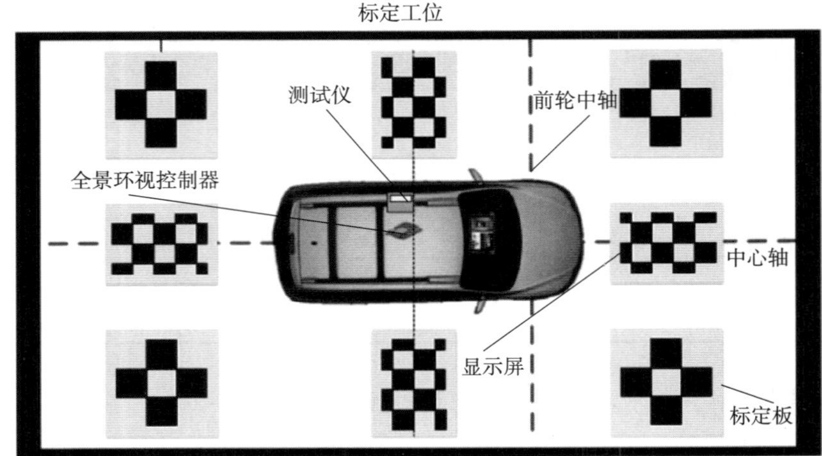

图 3-2-1　售后标定系统

1. 标定前提条件

以下情形建议重新进行全景影像系统标定。

（1）________________

（2）________________

（3）________________

2. 标定环境要求

（1）________________

（2）________________

（3）________________

（4）________________

3. 标定板要求

为了实现系统标定，需要两种特殊的标定板（A 板和 B 板），试将表 3-2-5 中对两种标定板的要求补充完整。

表 3-2-5　标定板要求

样式	A 板	B 板
数量	________	________
尺寸	1.6 m × 1.6 m	1.2 m × 1.6 m
精度	尺寸精度：________ 角度精度：________	尺寸精度：________ 角度精度：________

为了防止光线反射，标定板表面材质推荐采用________材料。

4. 标定工位要求

标定工位尺寸及标定板放置方式如图 3-2-2 所示。

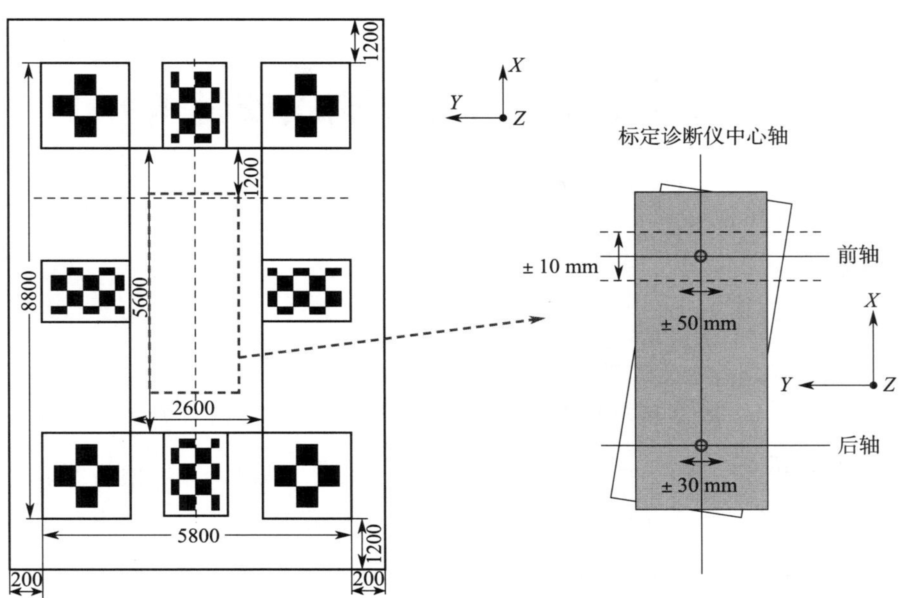

图 3-2-2　标定工位尺寸及标定板放置方式

简述标定车辆停放时标定板的放置要求。

四、360° 全景影像系统的标定流程

简述用诊断仪标定的操作流程。

学习活动 3　故障排除与交付

学习目标

1. 能根据故障检修要求，领取相关物料，并检查其好坏。

2. 能通过检查 360° 全景影像系统仪表盘显示、部件及接插件状态，用诊断仪读取故障码及数据流，确定故障部位。

3. 能根据维修手册的要求，完成 360° 全景影像系统摄像头和控制器的更换与标定，以及开启开关的更换。

4. 能正确进行 360° 全景影像系统操作功能验证和显示检查，完成验收。

建议学时

14 学时。

学习过程

一、物料准备

根据 360° 全景影像系统功能失效故障检修流程的要求，在组长的带领下，就物料的名称、数量和型号进行核对，填写维修配件、材料领用单（表 3-3-1），为物料领取提供凭证。

表 3-3-1　　维修配件、材料领用单

维修项目	工时费	材料费			
		配件、材料名称	数量	单价	总价
工时费总价		材料费总价			
维修技师：		领用日期：			

二、初步诊断

初步诊断主要包括检查 360° 全景影像系统屏幕显示是否正常，检查部件及接插件是否破损、有无弯曲变形、连接是否松动等，用诊断仪读取故障码及数据流三方面内容。

1. 检查 360° 全景影像系统显示

记录 360° 全景影像系统显示的故障信息，如黑屏、文字信息提示等，并说明其含义。

2. 检查部件及接插件

（1）检查 360° 全景影像系统开启开关（图 3-3-1）、倒车摄像头（图 3-3-2）是否有破损。

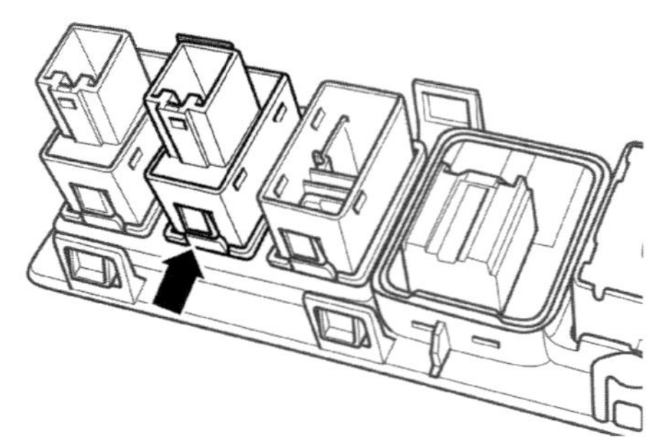

图 3-3-1　360° 全景影像系统开启开关

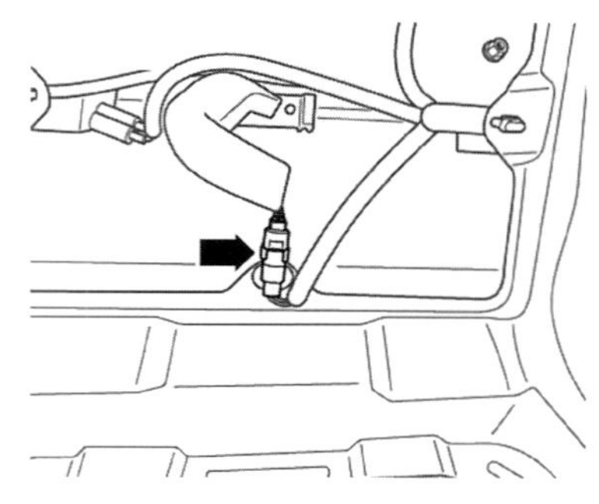

图 3-3-2　倒车摄像头

（2）检查电路线束及接插件连接处是否对插到位，有无松动、破损、腐蚀等问题，若未达到要求则修复或更换。图 3-3-3 所示为 360° 全景影像系统控制器连接插头示意图，图 3-3-4 所示为全景前视摄像头连接插头示意图，图 3-3-5 所示为全景后视摄像头连接插头示意图。

提示：主要对 360° 全景影像系统内各部件及其他相关联模块的电路线束及接插件进行检查。

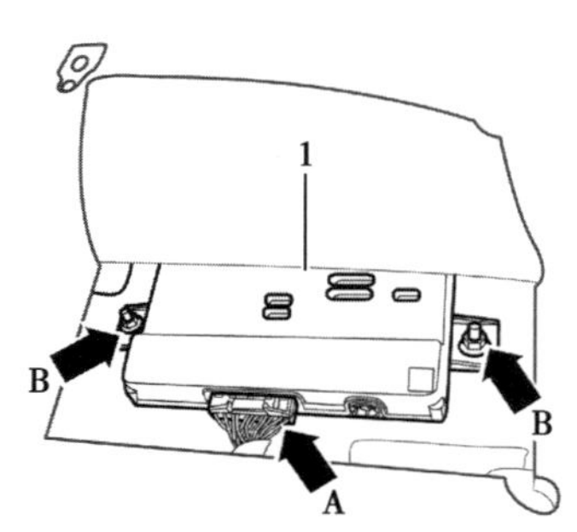

图 3-3-3　360° 全景影像系统控制器连接插头示意图

A—连接插头　B—固定螺母　1—控制器

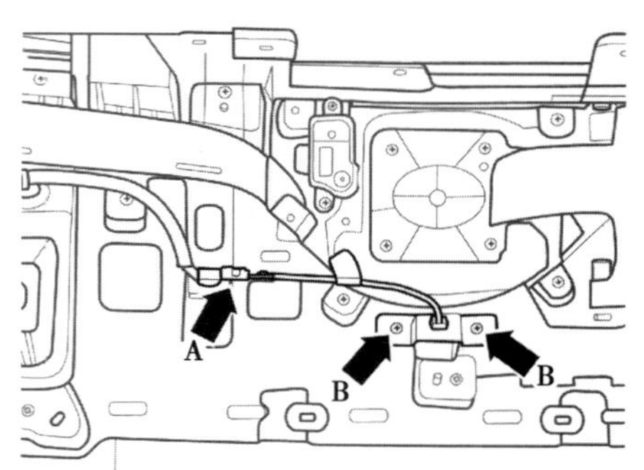

图 3-3-4　全景前视摄像头连接插头示意图

A—连接插头　B—固定螺母

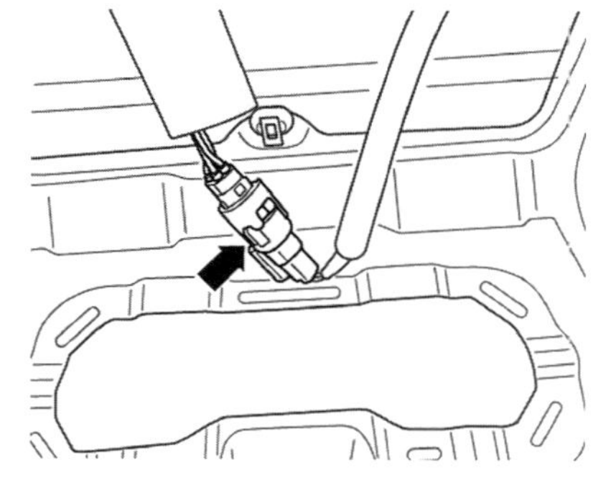

图 3-3-5　全景后视摄像头连接插头示意图

（3）检查摄像头插件内的插针是否有退针、弯曲等异常现象，如有则修复或更换。

完成上述检查后填写表 3-3-2。

表 3-3-2　　部件及接插件诊断记录表

序号	项目	诊断结果	维修建议
1	开启开关、摄像头外观		
2	电路线束及接插件连接、固定情况		
3	插件内的插针是否有退针、弯曲等异常现象		

3. 用诊断仪读取故障码及数据流

用诊断仪读取故障码及数据流，并填写故障码及数据流诊断记录表（表 3-3-3）。

表 3-3-3　　故障码及数据流诊断记录表

序号	项目	诊断结果	维修建议
1	故障码		
2	数据流		

三、检修实施

1. 360° 全景影像系统控制器的更换、配置及标定

（1）简述 360° 全景影像系统控制器插头的拆卸步骤及注意事项。

（2）根据表 3-3-4，完成 360° 全景影像系统控制器的更换。

表 3-3-4　　更换 360° 全景影像系统控制器

序号	图示	作业要领	完成情况
1		断开蓄电池负极电缆	完成□ 未完成□
2		将座椅向后调至极限位置，将坐垫向上调至极限位置	完成□ 未完成□
3	A—连接插头　B—固定螺母　1—控制器	断开 360° 全景影像系统控制器连接插头	完成□ 未完成□
4		旋出固定螺母，取下 360° 全景影像系统控制器 螺母规格：M6 × 1.0 螺母拧紧力矩：8 ~ 10 N · m 使用工具：10 mm 六角套筒	完成□ 未完成□
5	—	安装以倒序进行	

（3）实施 360° 全景影像系统控制器的配置。

更换 360° 全景影像系统控制器后，将“启动/停止”按键置于“RUN”模式，进行 360° 全景影像系统控制器的配置。

（4）根据表 3-3-5，完成 360° 全景影像系统控制器的标定。

表 3-3-5　　360° 全景影像系统控制器的标定

序号	图示	作业要领	完成情况
1		将诊断仪连接车载自诊断系统	完成□ 未完成□
2		将车辆行驶进入标定工位	完成□ 未完成□
3		调整好车辆位置	完成□ 未完成□
4		按“Enter”键进入售后标定对应的单视图界面，将出现对应的光标	完成□ 未完成□
5		按箭头区域，将光标进行上下左右移动，确认好角点后按“Point Confirmed”键确认角点	完成□ 未完成□

续表

序号	图示	作业要领	完成情况
6		按“Next View”键切换到后视图，按顺序选择相应角点后，按“Point Confirmed”键确认角点	完成□ 未完成□
7		按“Next View”键切换到左视图，按顺序选择相应角点后，按“Point Confirmed”键确认角点	完成□ 未完成□
8		按“Next View”键切换到右视图，按顺序选择相应角点后，按“Point Confirmed”键确认角点	完成□ 未完成□
9	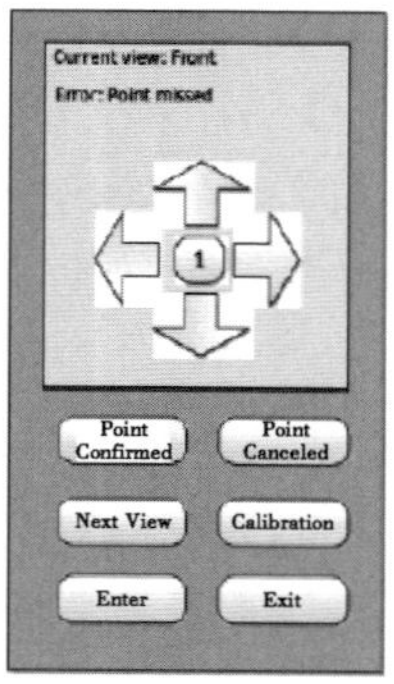	所有视图均选好角点后，按“Calibration”键执行标定操作	完成□ 未完成□
10		标定完成后，全景视图会出现标定成功提示信息，随后重启，查验标定效果，确认无误后按“Exit”键确认	完成□ 未完成□

2. 全景前视摄像头的更换和标定

根据表 3–3–6，完成全景前视摄像头的更换。

表 3-3-6　　更换全景前视摄像头

序号	图示	作业要领	完成情况
1		拆卸前保险杠组件	完成□ 未完成□
2	A—连接插头　B—固定螺钉　1—全景前视摄像头	断开蓄电池负极电缆后，再断开全景前视摄像头连接插头	完成□ 未完成□
3		旋出固定螺钉，拆下全景前视摄像头	完成□ 未完成□
4	—	安装以倒序进行	完成□ 未完成□

提示：全景前视摄像头安装完成后需要进行标定，标定流程同表 3-3-5。

3. 全景后视摄像头的更换和标定

根据表 3-3-7，完成全景后视摄像头的更换。

表 3-3-7　　更换全景后视摄像头

序号	图示	作业要领	完成情况
1		拆卸行李舱盖装饰板	完成□ 未完成□
2		断开蓄电池负极电缆	完成□ 未完成□

续表

序号	图示	作业要领	完成情况
3	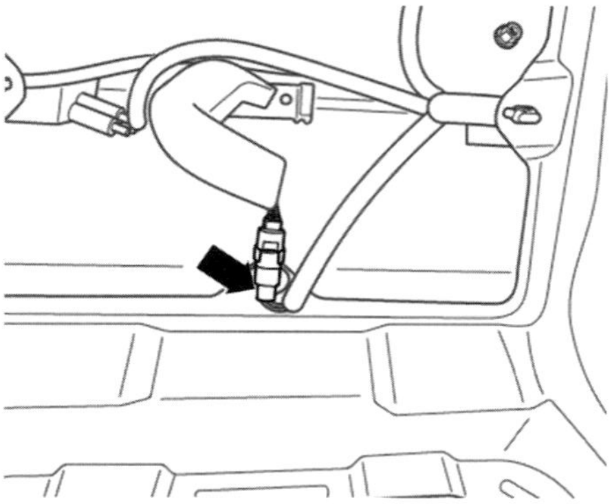	脱开倒车摄像头连接插头与车身的连接	完成□ 未完成□
4	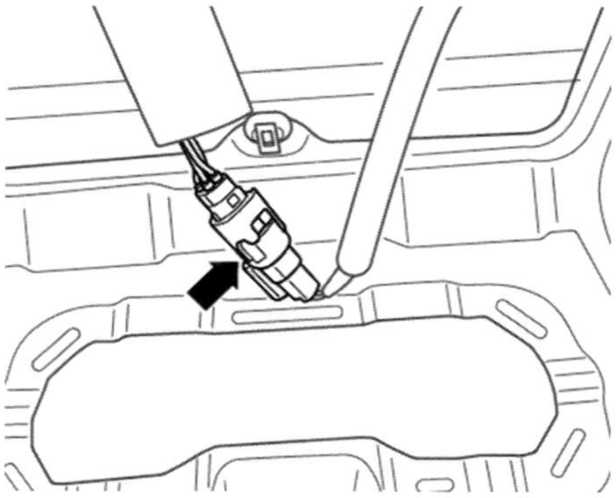	断开倒车摄像头连接插头	完成□ 未完成□
5	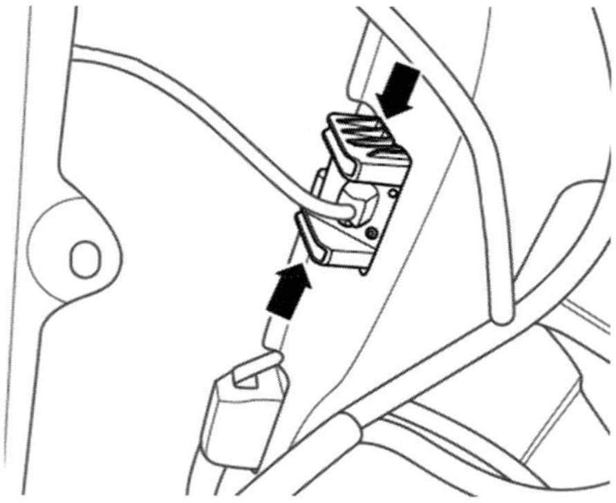	压锁止件，取下倒车摄像头	完成□ 未完成□
6	—	安装以倒序进行	完成□ 未完成□

提示：（1）全景后视摄像头安装完成后需要进行标定，标定流程同表 3-3-5。

（2）全景左/右视摄像头与左/右外后视镜集成在一起不可单独更换。

4. 360° 全景影像系统开启开关的更换

根据表 3-3-8，完成 360° 全景影像系统开启开关的更换。

表 3-3-8　更换 360° 全景影像系统开启开关

序号	图示	作业要领	完成情况
1		拆卸仪表板左侧开关组	完成□ 未完成□
2		脱开固定卡扣，拆下 360° 全景影像系统开启开关	完成□ 未完成□
3	—	安装以倒序进行	完成□ 未完成□

四、交付验收

1. 操作功能验证

实际进行 360° 全景影像系统相关操作，验证故障现象是否消失，并记录操作过程中遇到的问题。

2. 360° 全景影像系统显示检查

检查 360° 全景影像系统显示是否正常。

完成上述检查后，填写验收记录（表 3-3-9）。

表 3-3-9　验收记录

序号	项目	标准	自检	小组长检验
1	故障码	无		

续表

序号	项目	标准	自检	小组长检验
2	数据流	正常		
3	设备整理	齐全、完整		
4	场地清洁	符合 7S 标准		

学习活动 4　工作总结与评价

学习目标

1. 能以小组形式对学习过程和成果用展板等形式进行汇报总结。

2. 能在教师指导下完成对学习过程的综合评价。

3. 能根据实际情况任选一款车型，描述 360° 全景影像系统的结构、原理及主要部件的检修方法。

建议学时

6 学时。

学习过程

一、工作总结

以小组为单位，选择演示文稿、展板、海报、视频等形式中的一种或几种，向全班展示、汇报学习成果。

二、综合评价

针对本任务的学习情况，根据表 3–4–1 所列综合评价标准进行评分。

表 3-4-1　综合评价标准

<table>
<tr><td colspan="7">新能源汽车 360° 全景影像系统功能失效故障诊断与排除</td><td colspan="2">日期：</td></tr>
<tr><td colspan="3">姓名：</td><td colspan="3">学号：</td><td colspan="3">班级：</td></tr>
<tr><td>序号</td><td>评价项目</td><td>评价内容及标准</td><td>配分 / 分</td><td>评分要求</td><td>自评</td><td>互评</td><td>师评</td><td></td></tr>
<tr><td>1</td><td>工作组织与管理</td><td>□能进行有效沟通和团队协作
□能及时检查工作进展和效果，保证高质量完成工作
□能及时处理工作中遇到的问题，提出创新性、可行性建议，提高客户满意度</td><td>15</td><td>未完成 1 项扣 5 分，扣分不得超过 15 分</td><td></td><td></td><td></td><td></td></tr>
<tr><td>2</td><td>安全与防护</td><td>□能规范进行工位 7S 操作
□能规范进行设备和工具的安全检查
□能规范进行车辆安全防护操作
□能规范进行工具清洁、校准和存放操作
□能规范进行三不落地（包括工量器具、设备及零部件、油污）操作</td><td>15</td><td>未完成 1 项扣 3 分，扣分不得超过 15 分</td><td></td><td></td><td></td><td></td></tr>
<tr><td>3</td><td>工具使用</td><td>□能正确选用维修工具和校准专用工具
□能正确使用维修工具进行拆装
□能正确使用校准专用工具进行校准</td><td>5</td><td>未完成 1 项扣 2 分，扣分不得超过 5 分</td><td></td><td></td><td></td><td></td></tr>
<tr><td>4</td><td>资料收集与使用</td><td>□能正确使用维修手册查询资料
□能正确使用用户手册查询资料
□能在规定时间内查询所需资料
□能正确记录所查询资料的章节和页码
□能正确记录所需维修信息</td><td>5</td><td>未完成 1 项扣 1 分，扣分不得超过 5 分</td><td></td><td></td><td></td><td></td></tr>
<tr><td>5</td><td>故障诊断</td><td>□能正确使用诊断仪检测数据流及故障码
□能正确分析电路
□能判断控制模块工作是否正常
□能判断系统数据流是否正常</td><td>20</td><td>未完成 1 项扣 5 分，扣分不得超过 20 分</td><td></td><td></td><td></td><td></td></tr>
<tr><td>6</td><td>故障检修</td><td>□能正确操作 360° 全景影像系统
□能正确拆装 360° 全景影像系统摄像头及控制器
□能正确完成 360° 全景影像系统摄像头及控制器的标定
□能正确拆装 360° 全景影像系统开启开关
□能正确完成 360° 全景影像系统的交付验收</td><td>35</td><td>未完成 1 项扣 7 分，扣分不得超过 35 分</td><td></td><td></td><td></td><td></td></tr>
<tr><td>7</td><td>报告撰写</td><td>□字迹清晰
□语句通顺
□无错别字
□无涂改
□无抄袭</td><td>5</td><td>未完成 1 项扣 1 分，扣分不得超过 5 分</td><td></td><td></td><td></td><td></td></tr>
<tr><td colspan="3">总分</td><td>100</td><td>得分</td><td></td><td></td><td></td><td></td></tr>
<tr><td>总评</td><td colspan="2">自我评价 ×20%+ 小组评价 ×20%+ 教师评价 ×60%</td><td colspan="2">综合得分

</td><td colspan="4">教师（签名）：</td></tr>
</table>

拓展学习

1. 根据实际情况选择一种车型简述该车型 360° 全景影像系统的工作原理。

2. 根据所选车型 360° 全景影像系统的特点，完成表 3–4–2。

表 3–4–2　　　　______车型 360° 全景影像系统零部件的拆卸与检查

序号	360° 全景影像系统零部件	拆卸步骤及注意事项	检测项目

学习任务四　新能源汽车自动泊车功能失效故障诊断与排除

学习目标

1. 能描述半自动泊车系统的组成、工作原理、功能开启条件以及半自动泊车操作要点，进行半自动泊车功能判断，并根据接车问诊单，明确故障现象、检修要求及工时等内容。

2. 能通过查阅资料，获取新能源汽车自动泊车功能失效故障的原因和处理方法。

3. 能根据故障检修要求，通过小组讨论，制订合理的检修方案。

4. 能根据故障检修要求，领取相关物料，并检查其好坏。

5. 能根据故障检修要求，进行自动泊车系统功能失效故障的初步诊断，完成雷达传感器、半自动泊车控制器的拆装及检测，摄像头的标定以及线路检查，并交付验收。

6. 能对维修场地的相关设备进行日常维护与保养，按 7S 管理规定清理现场。

7. 能对相关资料、互联网资源进行检索，独立完成维修工单、工作页的填写。

8. 能展示工作成果，进行任务评价，总结工作经验。

9. 能在作业过程中严格执行企业操作规范、安全生产制度和环保管理制度，严格遵守从业人员的职业道德，具有吃苦耐劳、爱岗敬业的工作态度和职业责任感。

建议学时

40 学时

工作情境描述

某车主反映，其驾驶的北汽新能源 EX3 汽车在启动后仪表报泊车雷达系统故障，自动泊车功能无法启用，全景影像车前部无显示。车主将汽车送厂维修，维修技师验证故障现象后，通过观察仪表显示，读取车辆数据并结合以往的维修经验初步判断是半自动泊车辅助系统相关模块故障，要求汽车维修人员在 2 h 内对自动泊车系统各部件及线束连接可靠性等项目进行检查和分析，确定故障部位并排除故障，完成后交付验收。

工作流程与活动

1. 明确工作任务（10 学时）
2. 工作准备与计划制订（8 学时）
3. 故障排除与交付（16 学时）
4. 工作总结与评价（6 学时）

- 学习任务四　新能源汽车自动泊车功能失效故障诊断与排除
  - 学习活动1　明确工作任务
    - **明确新能源汽车自动泊车功能失效检修任务**
    - **故障复现**
      - 故障现象记录
      - 仪表或显示屏提示信息记录
    - **认识汽车自动泊车系统**
      - 半自动泊车系统的组成
      - 半自动泊车系统的工作原理
      - 半自动泊车系统功能开启条件
      - 半自动泊车操作
        - 泊车
        - 泊出
      - 半自动泊车功能判断
  - 学习活动2　工作准备与计划制订
    - **获取新能源汽车自动泊车功能失效故障的原因及处理方法**
    - **制订检修方案**
  - 学习活动3　故障排除与交付
    - **物料准备**
    - **初步诊断**
      - 检查仪表盘显示
      - 检查部件及接插件
      - 用诊断仪读取故障码及数据流
    - **检修实施**
      - 拆装及检测左前雷达传感器
      - 拆装及检测半自动泊车控制器
      - 标定摄像头
      - 检查线路
    - **交付验收**
      - 操作功能验证
      - 仪表显示检查
  - 学习活动4　工作总结与评价
    - **工作总结**
    - **综合评价**

学习活动 1　明确工作任务

学习目标

1. 能通过与客户沟通，准确填写接车问诊单，确认故障车辆的基本信息和检修要求。

2. 能正确进行故障复现并准确记录故障现象和仪表、显示屏提示信息。

3. 能描述半自动泊车系统的组成、工作原理和功能开启条件。

4. 能描述半自动泊车系统泊车和泊出操作要点，并进行泊车功能判断。

建议学时

10 学时。

学习过程

一、明确新能源汽车自动泊车功能失效检修任务

维修人员从维修主管处领取接车问诊单（表 4–1–1），与客户进行沟通，获取车辆型号、故障现象及故障时间等信息，正确填写接车问诊单，初步确认本次工作的基本内容。

表 4–1–1　　接车问诊单

北汽新能源售后服务环检问诊单				经销商代码：	
客户姓名		车牌号		里程数	km
联系电话		VIN		进店时间	时　分
车型		颜色		预约客户	□是　□否

续表

是否环检	□是 □否	维修类别	□保养 □机修 □钣喷 □其他	是否洗车	□是 □否
客户描述			初步诊断		
问诊	1. 发生的时间：□突然 □（ ）天前 □（ ）月前 □其他				
	2. 症状出现频率：□经常 □偶尔 □____日 / 周 / 月____次				
	3. 工作状态：□冷机 □热机 □启动时挡位（ ） □空调开 / 关 □其他（ ）				
	4. 何时发生：□发动 □怠速 □起步 □行驶 □加 / 减速 □转弯 □倒车 □其他				
	5. 道路状况：□高速路 □国道 □城市道路 □坡道 □颠簸路 □其他				
	6. 天气状况：□晴天 □雨天 □阴天 □其他				
车辆环检	功能及物品确认				
	油 / 液	□缺 □滴 □其他			
	外部灯光	□缺 □滴 □其他			
	内部灯光	□缺 □滴 □其他			
	玻璃升降	□缺 □滴 □其他			
	中央门锁	□缺 □滴 □其他			
	空调系统	□缺 □滴 □其他			
	音响系统	□缺 □滴 □其他			
	点烟器	□缺 □滴 □其他			
	备胎	□缺 □滴 □其他			
	随车工具	□缺 □滴 □其他			
	SOC 位置	1/2 Empty Full			
	车身外观确认	□完好 □划伤 □损坏			
其他事项					
1. 本人同意贵公司检查以上项目。2. 维修完成后，客户凭此单取车，请妥善保管。 客户： 日期： 服务顾问： 日期：					
此单一式两联，服务顾问和客户各持一联					

二、故障复现

说明：故障复现是非常重要的环节，是确认车辆真实故障的体现，要求学生能进行车辆正确的操作，必要时需进行试车，所以要求有驾驶执照。

方法：

学生在教师的指导下对自动泊车功能进行操作，结合客户的表述，记录车辆故障现象及仪表、显示屏提示信息。

1. 故障现象记录

____

____

____

2. 仪表或显示屏提示信息记录

____

____

____

三、认识汽车自动泊车系统

按照自动化程度等级，自动泊车系统（图 4–1–1）可以分为半自动泊车系统和全自动泊车系统两类，半自动泊车系统为驾驶员操控车速，计算平台根据车速及周边环境来确定并执行转向，对应于 SAE（society of automotive engineers）自动驾驶级别中的 L1 级；全自动泊车系统为计算平台根据周边环境来确定并执行转向和加减速等全部操作，驾驶员可在车内或车外监控，对应于 SAE 自动驾驶级别中的 L2 级。下面主要以主流的半自动泊车系统为例进行介绍。

图 4–1–1　自动泊车系统

半自动泊车系统的雷达传感器将检测到的信息在仪表和中控上进行显示，并通过________告知驾驶员，该系统可实现__________、__________、__________三项功能。

半自动泊车系统支持____________、____________、____________。半自动泊车系统通过泊车辅助雷达探测周围的车位，测量并找出合适的车位，计算合适的__________，并提醒驾驶员进入自动泊车辅助系统。系统只控制____________，而制动踏板及挡位的切换仍需____________控制。

1. 半自动泊车系统的组成

（1）根据图 4–1–2，在表 4–1–2 中将半自动泊车系统主要零部件的名称补充完整。

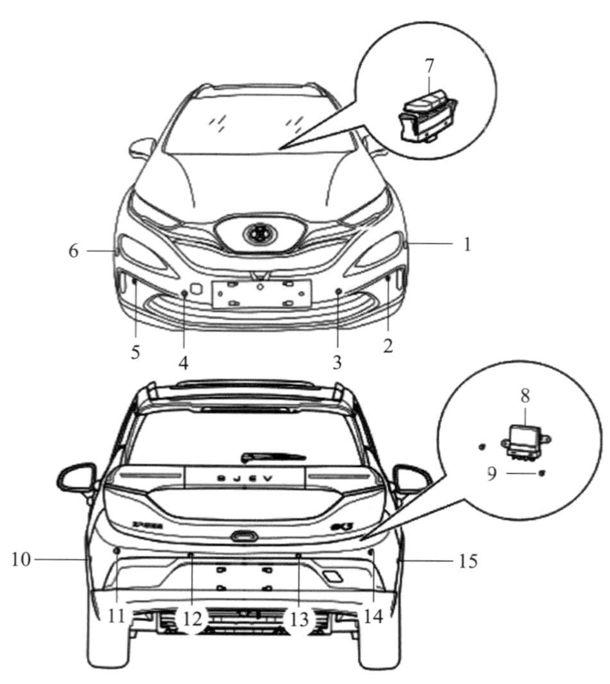

图 4-1-2　半自动泊车系统零部件在车上的位置

表 4-1-2　　半自动泊车系统主要零部件

序号	名称	序号	名称
1		9	半自动泊车控制器固定螺母
2	前左泊车雷达传感器	10	
3	前左中泊车雷达传感器	11	后左泊车雷达传感器
4		12	后左中泊车雷达传感器
5	前右泊车雷达传感器	13	
6	右侧前雷达传感器	14	后右泊车雷达传感器
7		15	右侧后雷达传感器
8	半自动泊车控制器		

（2）半自动泊车系统主要由 12 个__________、1 个__________、1 个__________和 1 个__________组成。

（3）在半自动泊车系统中，雷达传感器在驻车和泊车时为驾驶员提供支持。图 4-1-3 所示为超声波雷达传感器的安装位置。根据配置不同，泊车雷达分为中配、高配和 ADAS（advanced driver assistance system）配三种配置。

中配：后部______个超声波雷达传感器。

高配：前部______个超声波雷达传感器，后部______个超声波雷达传感器，两侧各______个超声波雷达传感器，共计______个，同时配备__________。

ADAS 配：前部______个超声波雷达传感器，后部______个超声波雷达传感器，两侧各______个超声波雷达传感器，共计______个，同时配备泊车雷达系统开关。

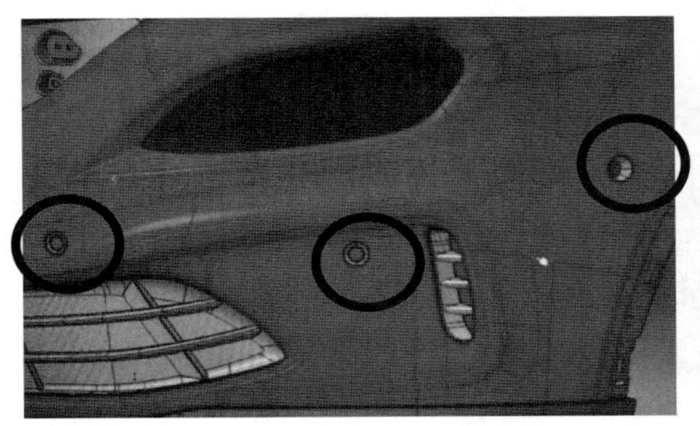
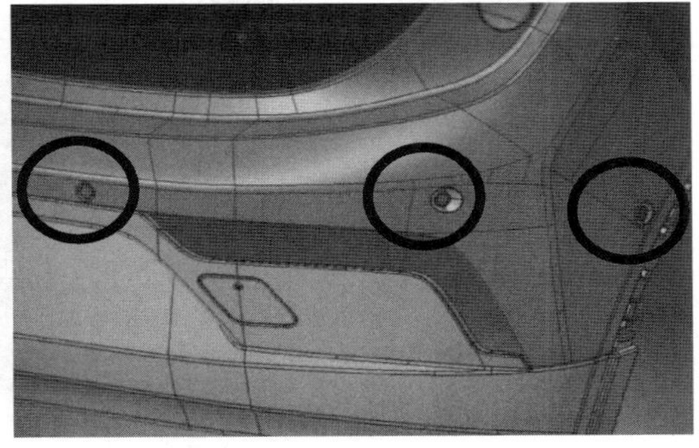

图 4–1–3　超声波雷达传感器的安装位置

2. 半自动泊车系统的工作原理

如图 4–1–4 所示，半自动泊车系统根据______________探测行驶道路两侧有效车位信息和障碍物距离信息，规划______________，控制______________。驾驶员根据______________显示屏上的文字、图片和声音的提醒，进行______________、______________和______________等一系列操作，实现半自动泊车功能。

图 4–1–4　半自动泊车系统的工作原理

F1 ~ F6、R1 ~ R6—雷达传感器

3. 半自动泊车系统功能开启条件

系统功能开启条件（以下条件均需满足）:

（1）系统电源处于____________模式。

（2）车辆处于____________挡或____________挡。

（3）车速____________。

（4）按下自动泊车系统开关，启用半自动泊车功能，默认搜索右侧平行车位。此时，再按下自动泊车系统开关，启用垂直泊车功能。车辆停在左边或右边车位由左右转向灯选择。默认情况下，车辆停在右边车位。若车辆需要停在左边车位，需驾驶员打左转向灯选择。

4. 半自动泊车操作

（1）泊车

1）车辆上电。静置时将挡位置于________挡或使车辆低速行驶。

2）启用泊车功能。按下位于中控台的硬开关，启用____________，默认搜索右侧平行车位（图 4–1–5）。再次按下开关，搜索右侧垂直车位。通过____________，切换搜索左/右侧车位。

图 4–1–5 半自动泊车显示界面

3）车位搜索限速。搜车位车速上限____________，车速超过____________km/h，半自动泊车系统退出，如图 4–1–6 所示。系统只能搜索到距离车身边界____________范围内的车位。目标平行车位最小长度 5.2 m，目标垂直车位最小宽度 2.8 m，系统也可以搜索到只有一侧有车辆的车位。

图 4–1–6 车位搜索限速

4）找到车位。搜到车位后，系统会提示驾驶员“____________________”。如果驾驶员没有停车，系统会继续寻找车位，在未搜到新的车位前，系统只能保留已行驶路径上 10 m 范围内的车位。停车后，系统提示驾驶员“__________________”“转向盘已受控，请注意周边环境”。图 4–1–7 所示为搜到车位提示。

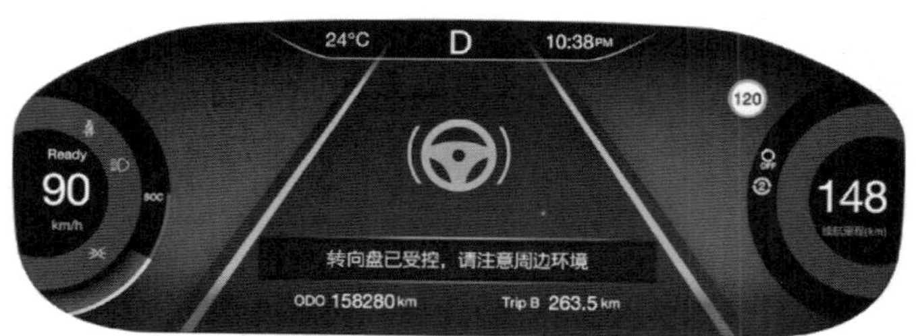

图 4–1–7 搜到车位提示

5）泊车操作。转向盘受控后，系统会自动控制____________并提示驾驶员完成____________和____________等操作，直至泊车完成，如图 4–1–8 所示。泊车过程中，驾驶员干预转向盘，系统会自动____________；泊车车速超过 8 km/h，系统会____________；平行车位调车次数超过______次，系统会自动退出；垂直车位调车次数超过 8 次，系统会____________。系统退出时驾驶员应注意主动接管车辆。

图 4–1–8　泊车完成

（2）泊出

1）车辆上电。将挡位置于________挡。

2）按下开关，启用____________泊出功能。通过打转向灯选择____________。

3）泊出操作。如果系统检测到车前或车后没有障碍物，系统会判断为泊出动作容易实现，可以由驾驶员自行完成，从而____________。同时，如果在泊出方向存在障碍物，系统同样会______。图 4–1–9 所示为自动泊出条件不满足。

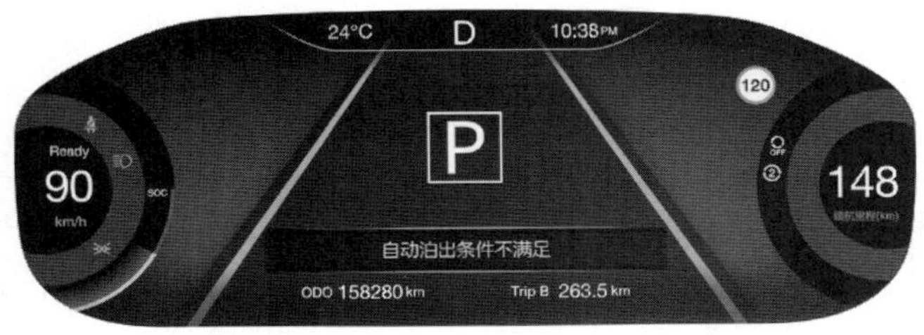

图 4–1–9　自动泊出条件不满足

5. 半自动泊车功能判断（表 4–1–3）

表 4–1–3　　半自动泊车功能判断

情形描述	图示	是否能实现泊车
车位前后有两辆水平停放的车辆		是□　否□
车位前后有一辆水平停放的车辆		是□　否□
车位左右有两辆垂直停放的车辆		是□　否□

续表

情形描述	图示	是否能实现泊车
车位左右有一辆垂直停放的车辆		是□ 否□
车位前方有水平停放的车辆		是□ 否□
侧边障碍物是树、柱子或者锥桶等		是□ 否□
侧边障碍物是自行车等不规则物体		是□ 否□
侧边障碍物是带挂钩的拖车		是□ 否□
侧边障碍物是厚度较薄的物体，如门框等		是□ 否□
侧边有坑井等		是□ 否□
侧边障碍物是超声波传感器无法侦测到的物体	?	是□ 否□
侧边车辆停放到路沿上		是□ 否□

结合表 4-1-3 简述自动泊车系统不能正常工作（包括漏报、误报等）的情形。

学习活动 2　工作准备与计划制订

学习目标

1. 能正确分析新能源汽车自动泊车功能失效的原因，给出可行的处理方法。

2. 能根据故障检修要求，通过小组讨论，制订合理的检修方案。

建议学时

8 学时。

学习过程

一、获取新能源汽车自动泊车功能失效故障的原因及处理方法

结合新能源汽车自动泊车系统电路图，根据故障现象和已有维修信息，分析 EX3 自动泊车系统功能失效可能的故障原因及处理方法，并填写表 4–2–1。

表 4–2–1　　自动泊车系统功能失效的故障现象、故障原因及处理方法

故障现象	故障原因	处理方法

续表

故障现象	故障原因	处理方法

二、制订检修方案

根据自动泊车系统功能失效故障的检修要求，进行小组讨论，制订检修方案。

1. 根据具体工作内容，明确小组成员分工，填写表 4–2–2。

表 4–2–2　小组成员分工

姓名	分工

2. 根据要求列出检修所需主要工具及材料清单，填写表 4–2–3。

表 4–2–3　检修所需主要工具及材料清单

序号	工具及材料名称	规格	数量	备注

续表

序号	工具及材料名称	规格	数量	备注

3. 根据小组分工情况及客户要求，制订具体的检修工序，填写表 4–2–4。

表 4–2–4　　检修工序安排

序号	检修工序内容	备注

制订检修方案之后，需要对方案内容进行可行性评估，并对实施地点、准备工作、检修过程等细节进行探讨分析，以保证后续检修安全、可靠地执行。以小组为单位就以上问题进行讨论，并根据讨论结果完善检修方案，记录主要修改内容。

学习活动 3　故障排除与交付

学习目标

1. 能根据故障检修要求，领取相关物料，并检查其好坏。

2. 能通过检查自动泊车系统仪表盘显示、部件及接插件状态，用诊断仪读取故障码及数据流，确定故障部位。

3. 能根据维修手册的要求，完成雷达传感器、半自动泊车控制器的拆装及检测，摄像头的标定以及线路检查。

4. 能正确进行自动泊车系统操作功能验证和仪表显示检查，完成验收。

建议学时

16 学时。

学习过程

一、物料准备

根据自动泊车系统功能失效故障检修流程的要求，在组长的带领下，就物料的名称、数量和型号进行核对，填写维修配件、材料领用单（表 4-3-1），为物料领取提供凭证。

表 4-3-1　　维修配件、材料领用单

维修项目	工时费	材料费			
		配件、材料名称	数量	单价	总价

续表

维修项目	工时费	材料费			
		配件、材料名称	数量	单价	总价
工时费总价		材料费总价			
维修技师：		领用日期：			

二、初步诊断

初步诊断主要包括检查仪表盘显示是否正常，检查部件及接插件是否破损、有无弯曲变形、连接是否松动等，用诊断仪读取故障码及数据流三方面内容。

1. 检查仪表盘显示

记录仪表盘显示的故障信息，如闪亮的故障灯、文字信息提示，并说明其含义。

2. 检查部件及接插件

检查半自动泊车系统控制器（图 4–3–1）、雷达传感器（图 4–3–2）外观，线束、接插件连接处是否对插到位，有无松动、破损、腐蚀等问题，若未达到要求则修复或更换。

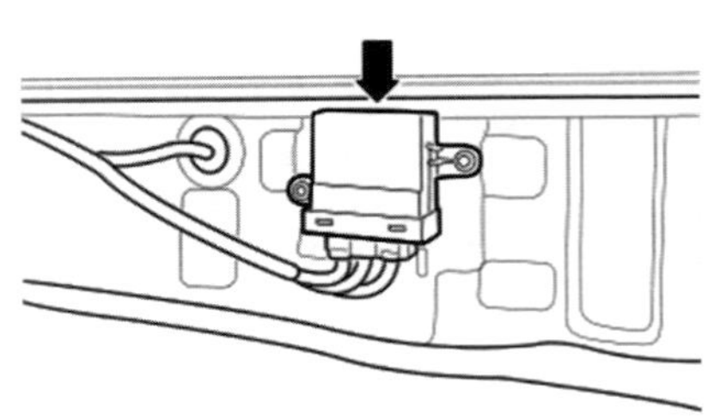

图 4-3-1 半自动泊车系统控制器

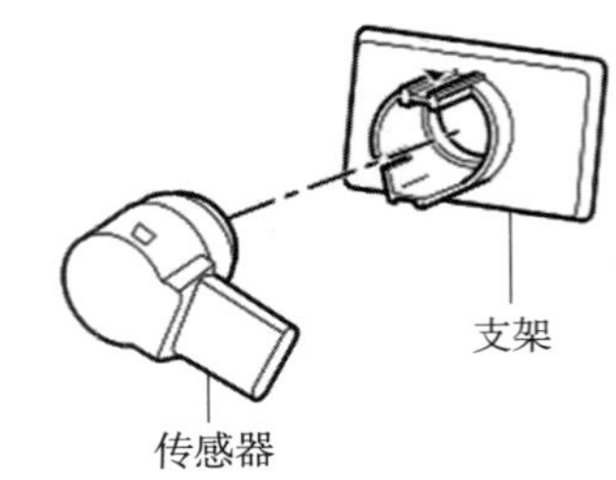

图 4-3-2 半自动泊车系统雷达传感器

完成上述检查后填写表 4-3-2。

表 4-3-2 部件及接插件诊断记录表

序号	项目	诊断结果	维修建议
1	半自动泊车系统控制器外观		
2	半自动泊车系统雷达传感器外观		
3	电路线束及接插件连接、固定情况		

3. 用诊断仪读取故障码及数据流

用诊断仪读取故障码及数据流，并填写故障码及数据流诊断记录表（表 4-3-3）。

表 4-3-3 故障码及数据流诊断记录表

序号	项目	诊断结果	维修建议
1	故障码		
2	数据流		

三、检修实施

1. 拆装及检测左前雷达传感器（表 4-3-4）

表 4-3-4　　拆装及检测左前雷达传感器

序号	图示	作业要领	完成情况
1		拆卸前机舱储物盒左盖板	完成□ 未完成□
2		断开蓄电池负极电缆	完成□ 未完成□
3	1—雷达传感器　A—雷达传感器连接插头 B—雷达传感器固定卡	断开雷达传感器连接插头	完成□ 未完成□
4		撬开雷达传感器固定卡，拆下雷达传感器。如果作用在雷达传感器探头上的力过大，探头可能会产生裂纹并导致其失灵	完成□ 未完成□
5		检查是否有泥土和灰尘粘附于雷达传感器表面	完成□ 未完成□

续表

序号	图示	作业要领	完成情况
6	B A B 2 A 1 1—传感器　2—支架 A—探头锁止支架凸耳　B—锁止凹槽	安装雷达传感器时，必须确认雷达传感器两个探头锁止支架凸耳卡止到雷达传感器支架锁止凹槽中 雷达传感器头部和保险杠面板之间的环形间隙大小必须均匀	完成□ 未完成□
7		简易检测：用检测对象（平面物体）作为反射面，调整检测对象距雷达传感器的距离，根据反射波的衰减情况进行质量判断	完成□ 未完成□

2. 拆装及检测半自动泊车控制器（表 4–3–5）

表 4–3–5　　拆装及检测半自动泊车控制器

序号	图示	作业要领	完成情况
1		拆卸行李舱盖板总成	完成□ 未完成□

续表

序号	图示	作业要领	完成情况
2	1 D　D A　C B A、B、C—连接插头　D—固定螺栓 1—半自动泊车控制器	断开连接插头，旋出固定螺栓，取下半自动泊车控制器	完成□ 未完成□
3		检查半自动泊车控制器插头是否有松动、退针，有无弯曲变形等	完成□ 未完成□
4	—	安装新的半自动泊车控制器。按照相反的顺序进行安装	完成□ 未完成□
5		更换半自动泊车控制器后，将“启动/停止”按键置于“RUN”状态，进行半自动泊车控制器总成配置	完成□ 未完成□

3. 标定摄像头（表 4-3-6）

表 4-3-6　标定摄像头

序号	图示	作业要领	完成情况
1		车辆胎压处于正常状态：四轮定位参数正常，车门关闭，后视镜处于正常打开状态	完成□ 未完成□

续表

序号	图示	作业要领	完成情况
2		车辆处于 ON 挡，进入全景系统	完成□ 未完成□
3	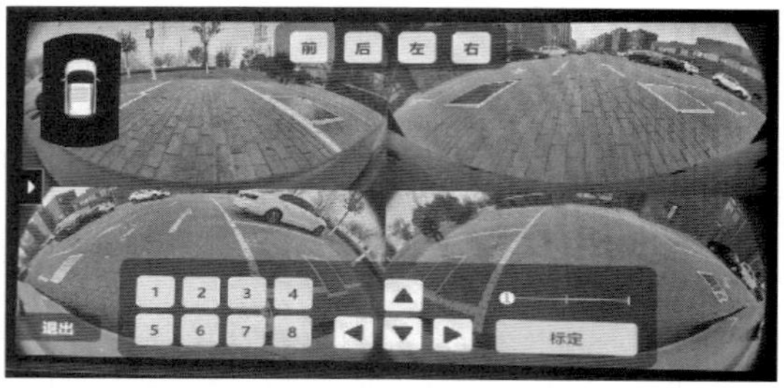	激活售后标定后，默认进入四分格界面	完成□ 未完成□
4	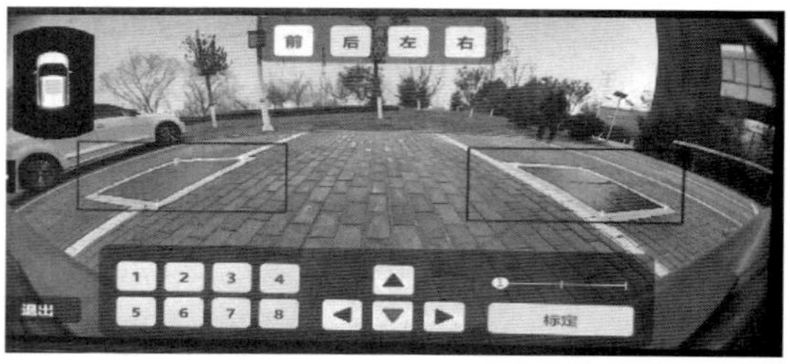	按“视图指示框”内的“前”“后”“左”“右”按键，分别进入相应的单视图，如按“前”按键进入前视图界面	完成□ 未完成□
5	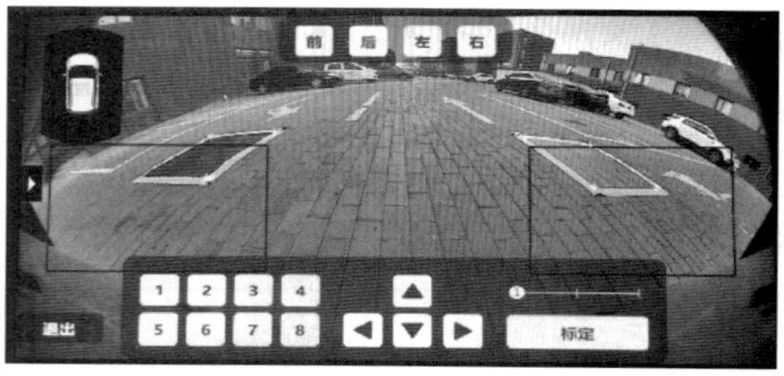	选择 1 ~ 8 号角点序号，按角点移动控制按键来移动相应的角点，使每个角点都落在图像中黑色方框的角上	完成□ 未完成□
6		移动好“前视图”的角点，再继续做“后”“左”“右”视图。都确认无误后，按“标定”按键，自动生成标定效果，并退回至“全景 +3D 前视图”界面	完成□ 未完成□

4. 检查线路

以“DTC B130512 前左传感器对电源短路”为例，对照电路图 4-3-3 检查线路，完成表 4-3-7。

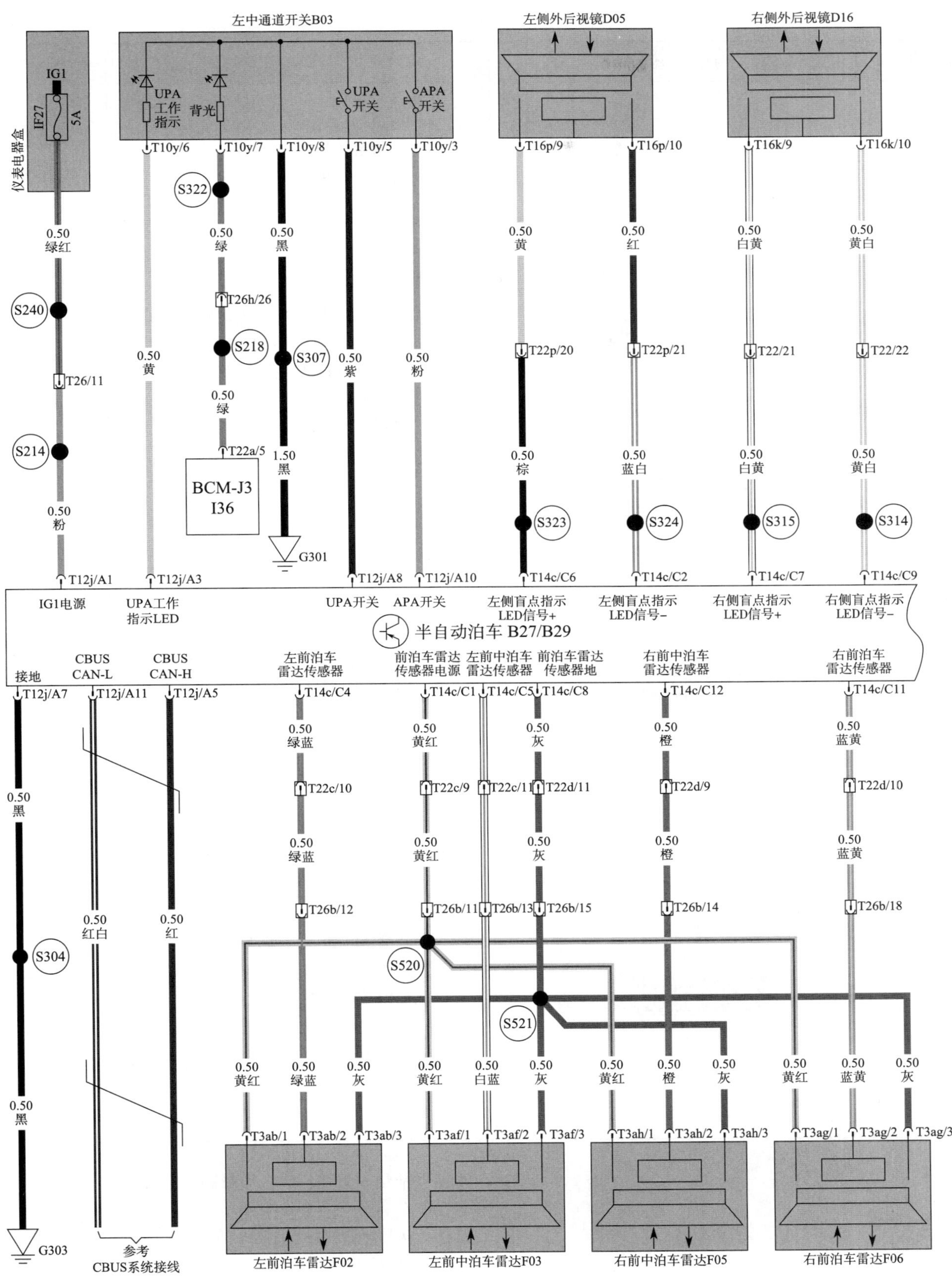

图 4-3-3　北汽新能源 EX3 半自动泊车系统接线图

表 4-3-7　检查线路

步骤	检查位置	检查项目	结论
1	检查左前泊车雷达表面	是否有覆盖物 是□　清洁覆盖物 否□　进行下一步	完成□ 未完成□
2	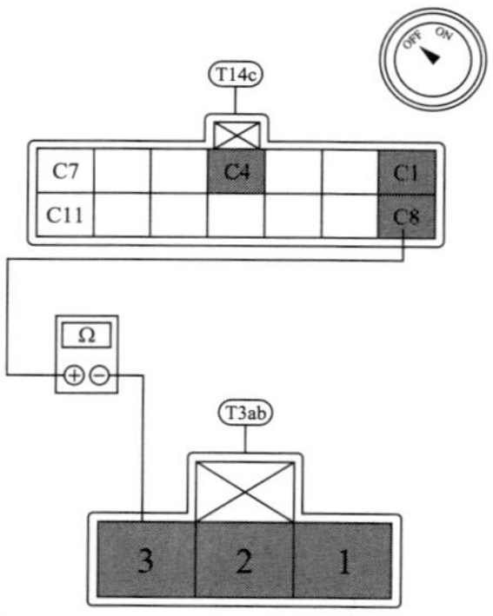 T14c C7 C4 C1 C11 C8 Ω T3ab 3 2 1	测量左前泊车雷达（F02）连接插头 T3ab/1、T3ab/2、T3ab/3 针脚与半自动泊车控制器（B29）T14c/C1、T14c/C4、T14c/C8 针脚之间的导线是否连通 是□　进行下一步 否□　维修故障线束	完成□ 未完成□
3	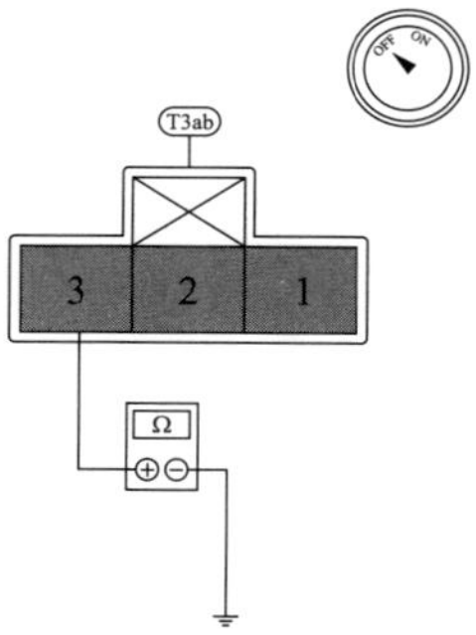 T3ab 3 2 1 Ω	测量左前泊车雷达（F02）连接插头 T3ab/1、T3ab/2、T3ab/3 针脚与车身接地之间是否连通 是□　维修故障线束 否□　进行下一步	完成□ 未完成□
4	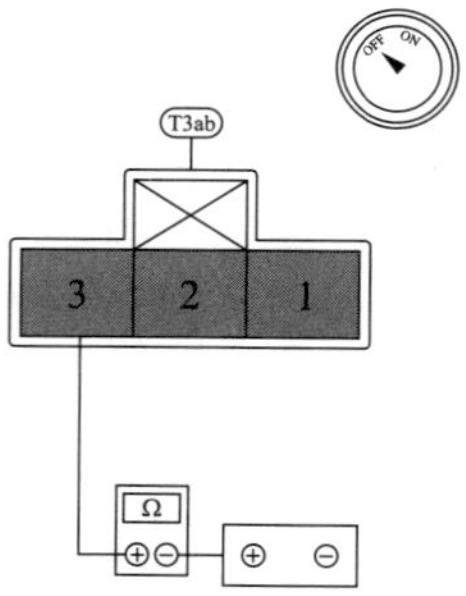 T3ab 3 2 1 Ω	断开蓄电池负极电缆，测量左前泊车雷达（F02）连接插头 T3ab/1、T3ab/2、T3ab/3 针脚与蓄电池正极之间是否连通 是□　维修故障线束 否□　进行下一步	完成□ 未完成□
5	—	更换左前泊车雷达，确认故障码及症状是否存在 是□　从其他症状查找原因 否□　故障排除	完成□ 未完成□

四、交付验收

1. 操作功能验证

实际进行半自动泊车系统功能验证操作，验证故障现象是否消失，并记录操作过程中遇到的问题。

2. 仪表显示检查

检查仪表显示是否正常，是否能正常 READY。

完成上述检查后，填写验收记录（表 4–3–8）。

表 4–3–8　验收记录

序号	项目	标准	自检	小组长检验
1	故障码	无		
2	数据流	正常		
3	设备整理	齐全、完整		
4	场地清洁	符合 7S 标准		

学习活动 4　工作总结与评价

学习目标

1. 能以小组形式对学习过程和成果用展板等形式进行汇报总结。

2. 能在教师指导下完成对学习过程的综合评价。

3. 能根据实际情况任选一款车型，描述自动泊车系统的结构、原理及主要部件的检修方法。

建议学时

6 学时。

学习过程

一、工作总结

以小组为单位，选择演示文稿、展板、海报、视频等形式中的一种或几种，向全班展示、汇报学习成果。

二、综合评价

针对本任务的学习情况，根据表 4-4-1 所列综合评价标准进行评分。

表 4-4-1　　综合评价标准

<table>
<tr><td colspan="5">新能源汽车自动泊车功能失效故障诊断与排除</td><td colspan="3">日期：</td></tr>
<tr><td colspan="3">姓名：</td><td colspan="2">学号：</td><td colspan="3">班级：</td></tr>
<tr><td>序号</td><td>评价项目</td><td>评价内容及标准</td><td>配分 / 分</td><td>评分要求</td><td>自评</td><td>互评</td><td>师评</td></tr>
<tr><td>1</td><td>工作组织与管理</td><td>□能进行有效沟通和团队协作
□能及时检查工作进展和效果，保证高质量完成工作
□能及时处理工作中遇到的问题，提出创新性、可行性建议，提高客户满意度</td><td>15</td><td>未完成 1 项扣 5 分，扣分不得超过 15 分</td><td></td><td></td><td></td></tr>
<tr><td>2</td><td>安全与防护</td><td>□能规范进行工位 7S 操作
□能规范进行设备和工具的安全检查
□能规范进行车辆安全防护操作
□能规范进行工具清洁、校准和存放操作
□能规范进行三不落地（包括工量器具、设备及零部件、油污）操作</td><td>15</td><td>未完成 1 项扣 3 分，扣分不得超过 15 分</td><td></td><td></td><td></td></tr>
<tr><td>3</td><td>工具使用</td><td>□能正确选用维修工具和校准专用工具
□能正确使用维修工具进行拆装
□能正确使用校准专用工具进行校准</td><td>5</td><td>未完成 1 项扣 2 分，扣分不得超过 5 分</td><td></td><td></td><td></td></tr>
<tr><td>4</td><td>资料收集与使用</td><td>□能正确使用维修手册查询资料
□能正确使用用户手册查询资料
□能在规定时间内查询所需资料
□能正确记录所查询资料的章节和页码
□能正确记录所需维修信息</td><td>5</td><td>未完成 1 项扣 1 分，扣分不得超过 5 分</td><td></td><td></td><td></td></tr>
<tr><td>5</td><td>故障诊断</td><td>□能正确使用诊断仪检测数据流及故障码
□能正确分析电路
□能判断控制模块工作是否正常
□能判断系统数据流是否正常</td><td>20</td><td>未完成 1 项扣 5 分，扣分不得超过 20 分</td><td></td><td></td><td></td></tr>
<tr><td>6</td><td>故障检修</td><td>□能正确操作自动泊车系统
□能正确拆装并检测系统传感器、控制器
□能正确标定摄像头
□能正确检查线路
□能正确完成自动泊车系统的交付验收</td><td>35</td><td>未完成 1 项扣 7 分，扣分不得超过 35 分</td><td></td><td></td><td></td></tr>
<tr><td>7</td><td>报告撰写</td><td>□字迹清晰
□语句通顺
□无错别字
□无涂改
□无抄袭</td><td>5</td><td>未完成 1 项扣 1 分，扣分不得超过 5 分</td><td></td><td></td><td></td></tr>
<tr><td colspan="3">总分</td><td>100</td><td>得分</td><td></td><td></td><td></td></tr>
<tr><td rowspan="2">总评</td><td colspan="2" rowspan="2">自我评价 ×20%+ 小组评价 ×20%+ 教师评价 ×60%</td><td colspan="2">综合得分</td><td colspan="3" rowspan="2">教师（签名）：</td></tr>
<tr><td colspan="2"></td></tr>
</table>

拓展学习

1. 根据实际情况选择一种车型简述该车型自动泊车系统的工作原理。

2. 根据所选车型自动泊车系统的特点，完成表 4–4–2。

表 4–4–2　　＿＿＿＿＿＿车型自动泊车系统零部件的拆卸与检查

序号	自动泊车系统零部件	拆卸步骤及注意事项	检测项目

学习任务五　新能源汽车自动紧急制动系统无法工作故障诊断与排除

学习目标

1. 能描述自动紧急制动系统的定义、功能、组成和性能要求，并根据接车问诊单，明确故障现象、检修要求及工时等内容。

2. 能通过查阅资料，获取新能源汽车自动紧急制动系统无法工作故障的原因和处理方法，明确前视摄像头、毫米波雷达的标定要求。

3. 能根据故障检修要求，通过小组讨论，制订合理的检修方案。

4. 能根据故障检修要求，领取相关物料，并检查其好坏。

5. 能根据故障检修要求，进行自动紧急制动系统的初步诊断，完成前视摄像头和毫米波雷达的更换及标定，并交付验收。

6. 能对维修场地的相关设备进行日常维护与保养，按 7S 管理规定清理现场。

7. 能对相关资料、互联网资源进行检索，独立完成维修工单、工作页的填写。

8. 能展示工作成果，进行任务评价，总结工作经验。

9. 能在作业过程中严格执行企业操作规范、安全生产制度和环保管理制度，严格遵守从业人员的职业道德，具有吃苦耐劳、爱岗敬业的工作态度和职业责任感。

建议学时

40 学时

工作情境描述

某车主反映，其驾驶的北汽新能源 EU5(R550) 汽车自动紧急制动系统无法工作，车主将汽车送厂维修，维修技师验证故障现象后，通过观察仪表显示，读取车辆数据并结合以往的维修经验初步判断为自动紧急制动系统故障，要求汽车维修人员在 1 h 内对系统相关控制模块接头、线束连接、故障码、数据流等项目进行检查和分析，确定故障部位并排除故障，完成后交付验收。

工作流程与活动

1. 明确工作任务（8 学时）
2. 工作准备与计划制订（10 学时）
3. 故障排除与交付（16 学时）
4. 工作总结与评价（6 学时）

学习任务五　新能源汽车自动紧急制动系统无法工作故障诊断与排除

- 学习活动1　明确工作任务
  - **明确新能源汽车自动紧急制动系统无法工作检修任务**
  - **故障复现**
    - 故障现象记录
    - 仪表或显示屏提示信息记录
  - **认识汽车自动紧急制动系统**
    - 自动紧急制动系统的定义
    - 自动紧急制动系统的功能
    - 自动紧急制动系统的组成
    - 自动紧急制动系统的性能要求
- 学习活动2　工作准备与计划制订
  - **获取新能源汽车自动紧急制动系统无法工作故障的原因及处理方法**
  - **制订检修方案**
  - **自动紧急制动系统设备的标定要求**
    - 自动紧急制动系统设备的标定条件
    - 初始在线标定
- 学习活动3　故障排除与交付
  - **物料准备**
  - **初步诊断**
    - 检查仪表盘显示
    - 检查部件及接插件
    - 用诊断仪读取故障码及数据流
  - **检修实施**
    - 更换前视摄像头
    - 标定前视摄像头
    - 更换并标定毫米波雷达
  - **交付验收**
    - 操作功能验证
    - 仪表显示检查
- 学习活动4　工作总结与评价
  - **工作总结**
  - **综合评价**

学习活动 1　明确工作任务

学习目标

1. 能通过与客户沟通，准确填写接车问诊单，确认故障车辆的基本信息和检修要求。

2. 能正确进行故障复现并准确记录故障现象和仪表、显示屏提示信息。

3. 能描述自动紧急制动系统的定义、功能、组成和性能要求。

建议学时

8 学时。

学习过程

一、明确新能源汽车自动紧急制动系统无法工作检修任务

维修人员从维修主管处领取接车问诊单（表 5–1–1），与客户进行沟通，获取车辆型号、故障现象及故障时间等信息，正确填写接车问诊单，初步确认本次工作的基本内容。

表 5–1–1　　接车问诊单

北汽新能源售后服务环检问诊单				经销商代码：	
客户姓名		车牌号		里程数	km
联系电话		VIN		进店时间	时　　分
车型		颜色		预约客户	□是　□否
是否环检	□是　□否	维修类别	□保养　□机修 □钣喷　□其他	是否洗车	□是　□否

续表

<table>
<tr><td colspan="2">客户描述</td><td colspan="2">初步诊断</td></tr>
<tr><td rowspan="6">问诊</td><td colspan="3">1. 发生的时间：□突然　□（　）天前　□（　）月前　□其他</td></tr>
<tr><td colspan="3">2. 症状出现频率：□经常　□偶尔　□____日 / 周 / 月____次</td></tr>
<tr><td colspan="3">3. 工作状态：□冷机　□热机　□启动时挡位（　）　□空调开 / 关　□其他（　）</td></tr>
<tr><td colspan="3">4. 何时发生：□发动　□怠速　□起步　□行驶　□加 / 减速　□转弯　□倒车　□其他</td></tr>
<tr><td colspan="3">5. 道路状况：□高速路　□国道　□城市道路　□坡道　□颠簸路　□其他</td></tr>
<tr><td colspan="3">6. 天气状况：□晴天　□雨天　□阴天　□其他</td></tr>
<tr><td rowspan="13">车辆环检</td><td colspan="3">功能及物品确认</td></tr>
<tr><td>油 / 液</td><td>□缺　□滴　□其他</td><td rowspan="12"></td></tr>
<tr><td>外部灯光</td><td>□缺　□滴　□其他</td></tr>
<tr><td>内部灯光</td><td>□缺　□滴　□其他</td></tr>
<tr><td>玻璃升降</td><td>□缺　□滴　□其他</td></tr>
<tr><td>中央门锁</td><td>□缺　□滴　□其他</td></tr>
<tr><td>空调系统</td><td>□缺　□滴　□其他</td></tr>
<tr><td>音响系统</td><td>□缺　□滴　□其他</td></tr>
<tr><td>点烟器</td><td>□缺　□滴　□其他</td></tr>
<tr><td>备胎</td><td>□缺　□滴　□其他</td></tr>
<tr><td>随车工具</td><td>□缺　□滴　□其他</td></tr>
<tr><td>SOC 位置</td><td>1/2
Empty　Full</td></tr>
<tr><td>车身外观确认</td><td>□完好　□划伤　□损坏</td></tr>
<tr><td>其他事项</td><td colspan="3"></td></tr>
<tr><td colspan="4">1. 本人同意贵公司检查以上项目。2. 维修完成后，客户凭此单取车，请妥善保管。
客户：　　　日期：　　　服务顾问：　　　日期：</td></tr>
<tr><td colspan="4">此单一式两联，服务顾问和客户各持一联</td></tr>
</table>

二、故障复现

说明：故障复现是非常重要的环节，是确认车辆真实故障的体现，要求学生能进行车辆正确的操作，必要时需进行试车，所以要求有驾驶执照。

方法：

学生在教师的指导下对自动紧急制动系统进行操作，结合客户的表述，记录车辆故障现象及仪表、显示屏提示信息。

1. 故障现象记录

____

____

____

2. 仪表或显示屏提示信息记录

____

____

____

三、认识汽车自动紧急制动系统

查阅《乘用车自动紧急制动系统（AEBS）性能要求及试验方法》（GB/T 39901—2021），回答下列问题。

1. 自动紧急制动系统的定义

自动紧急制动系统（advanced emergency braking system，AEBS）是实时监测车辆前方行驶环境，并在可能发生碰撞危险时自动启动____________，使车辆减速，以避免____________或减轻碰撞的系统，如图 5-1-1 所示。

静止目标：在被试车辆行驶前方同一车道中央__________的目标。

移动目标：在被试车辆行驶前方同一车道中央，以____________同向移动的目标。

制动目标：在被试车辆行驶路线中央正前方，原以恒定车速与被试车辆同向行驶而后开始______________的目标。

紧急制动阶段：在 AEBS 控制下，被试车辆以至少________ m/s^2 减速度开始减速的阶段。

预计碰撞时间：____________________与____________________之间的距离除以____________________与____________________所得出的时间。

图 5-1-1　自动紧急制动系统

2. 自动紧急制动系统的功能

简述自动紧急制动系统的功能。

3. 自动紧急制动系统的组成

（1）AEBS 作为 ADAS（高级驾驶辅助系统）的一项功能，其硬件包括________、控制器和________三部分。

（2）目前 AEBS 主流方案采用的环境感知传感器为__________和__________，简述其功能。

（3）分析上述传感器各有哪些优缺点，完成表 5–1–2。

表 5–1–2　传感器的类型及优缺点

传感器类型	优点	缺点

4. 自动紧急制动系统的性能要求

（1）AEBS 应能向驾驶员提供哪些预警及警告信号?

（2）AEBS 在车辆所有载荷状态下应在______km/h 车速至 AEBS 系统最高工作车速之间正常运行。如果遇到前方车辆突然插入等工况，碰撞不能被及时预测而导致 AEBS 无法在紧急制动______s 前发出碰撞预警信号，则碰撞预警信号应不晚于紧急制动阶段发出。

学习活动 2　工作准备与计划制订

学习目标

1. 能正确分析自动紧急制动系统无法工作的原因，给出可行的处理方法。

2. 能根据故障检修要求，通过小组讨论，制订合理的检修方案。

3. 能描述自动紧急制动系统设备的标定要求。

建议学时

10 学时。

学习过程

一、获取新能源汽车自动紧急制动系统无法工作故障的原因及处理方法

结合新能源汽车自动紧急制动系统电路图，根据故障现象和已有维修信息，分析自动紧急制动系统无法工作可能的故障原因及处理方法，并填写表 5–2–1。

表 5–2–1　　自动紧急制动系统无法工作的故障现象、故障原因及处理方法

故障现象	故障原因	处理方法

续表

故障现象	故障原因	处理方法

二、制订检修方案

根据自动紧急制动系统无法工作故障的检修要求，进行小组讨论，制订检修方案。

1. 根据具体工作内容，明确小组成员分工，填写表 5–2–2。

表 5–2–2　　小组成员分工

姓名	分工

2. 根据要求列出检修所需主要工具及材料清单，填写表 5–2–3。

表 5–2–3　　检修所需主要工具及材料清单

序号	工具及材料名称	规格	数量	备注

续表

序号	工具及材料名称	规格	数量	备注

3. 根据小组分工情况及客户要求，制订具体的检修工序，填写表 5-2-4。

表 5-2-4　　检修工序安排

序号	检修工序内容	备注

制订检修方案之后，需要对方案内容进行可行性评估，并对实施地点、准备工作、检修过程等细节进行探讨分析，以保证后续检修安全、可靠地执行。以小组为单位就以上问题进行讨论，并根据讨论结果完善检修方案，记录主要修改内容。

三、自动紧急制动系统设备的标定要求

1. 自动紧急制动系统设备的标定条件

简述在哪些情况下需要进行自动紧急制动系统设备（如前视摄像头、毫米波雷达）的标定。图 5-2-1 所示

为前视摄像头在车上的位置。图 5–2–2 所示为毫米波雷达在车上的位置及其结构组成。

图 5–2–1　前视摄像头在车上的位置

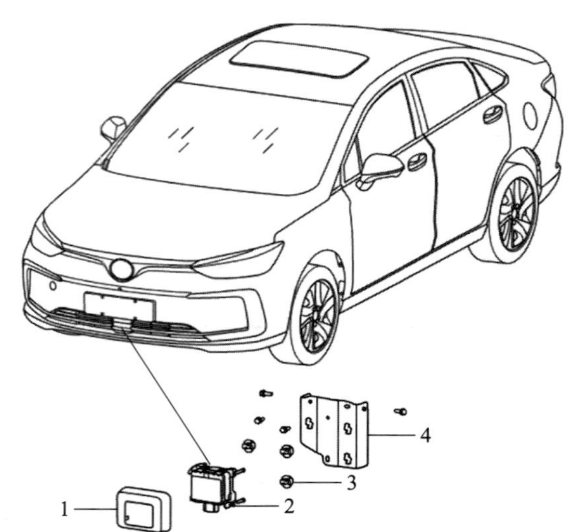

图 5–2–2　毫米波雷达在车上的位置及其结构组成

1—前向探测毫米波雷达装饰罩　2—前向探测毫米波雷达

3—前向探测毫米波雷达卡扣　4—前向探测毫米波雷达支架

2. 初始在线标定

初始在线标定作为一种可以替代静态标定的方法，可以用来在没有标定板的情况下对摄像头进行标定，标定示意图如图 5–2–3 所示。区别于静态标定，初始在线标定是在车辆行驶过程中进行的，因此需要在开始标定前准确测量轮罩高度，并通过诊断指令写入摄像头。摄像头会在车辆行驶过程中使用控制器计算三个方向的偏差，三个方向示意图如图 5–2–4 所示。

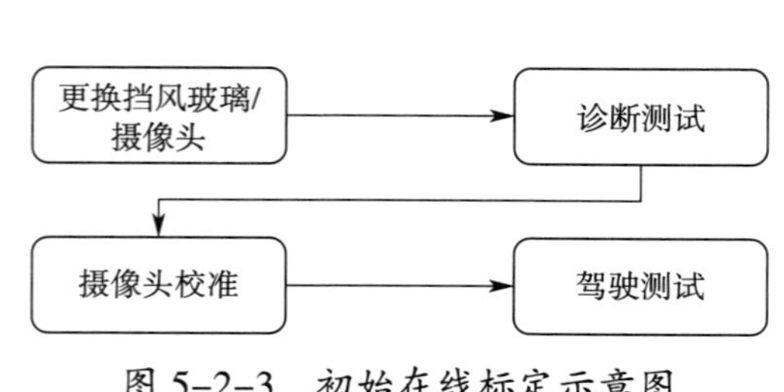

图 5–2–3　初始在线标定示意图

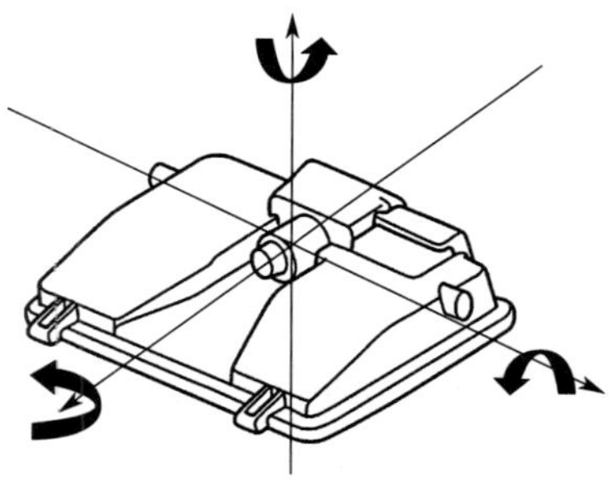

图 5–2–4　三个方向示意图

（1）初始在线标定目前还不能替代静态标定在客户车辆下线检测时使用。初始在线标定通常用于售后更换了____________、____________或________后，对摄像头重新进行标定。

（2）成功地进行初始在线标定，需要满足哪些条件?

学习活动 3 故障排除与交付

学习目标

1. 能根据故障检修要求，领取相关物料，并检查其好坏。

2. 能通过检查自动紧急制动系统仪表盘显示、部件及接插件状态，用诊断仪读取故障码及数据流，确定故障部位。

3. 能根据维修手册的要求，完成前视摄像头和毫米波雷达的更换及标定。

4. 能正确进行自动紧急制动系统操作功能验证和仪表显示检查，完成验收。

建议学时

16 学时。

学习过程

一、物料准备

根据自动紧急制动系统无法工作故障检修流程的要求，在组长的带领下，就物料的名称、数量和型号进行核对，填写维修配件、材料领用单（表 5-3-1），为物料领取提供凭证。

表 5-3-1 维修配件、材料领用单

维修项目	工时费	材料费			
		配件、材料名称	数量	单价	总价

续表

维修项目	工时费	材料费			
		配件、材料名称	数量	单价	总价
工时费总价		材料费总价			
维修技师：		领用日期：			

二、初步诊断

初步诊断主要包括检查仪表盘显示是否正常，检查部件及接插件是否破损、有无弯曲变形、连接是否松动等，用诊断仪读取故障码及数据流三方面内容。

1. 检查仪表盘显示

记录仪表盘显示的故障信息，如闪亮的故障灯、文字信息提示，并说明其含义。

2. 检查部件及接插件

（1）检查自动紧急制动系统警示器（图 5-3-1）、开关（图 5-3-2）、前视摄像头、毫米波雷达传感器等是否有破损。

提示：外力可能导致相关部件损坏，安装支架变形会导致毫米波雷达传感器失效。

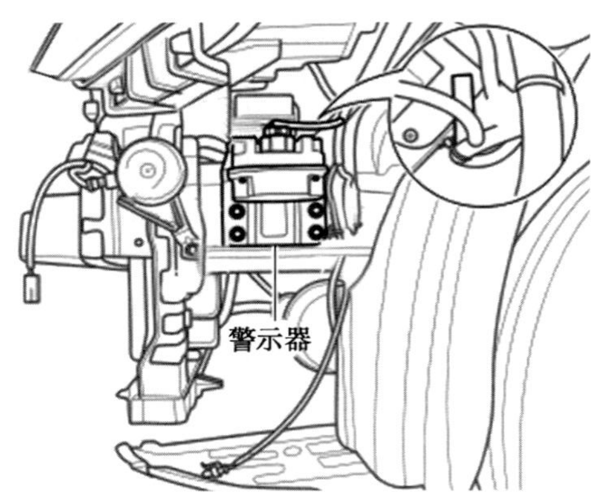

图 5–3–1　自动紧急制动系统警示器

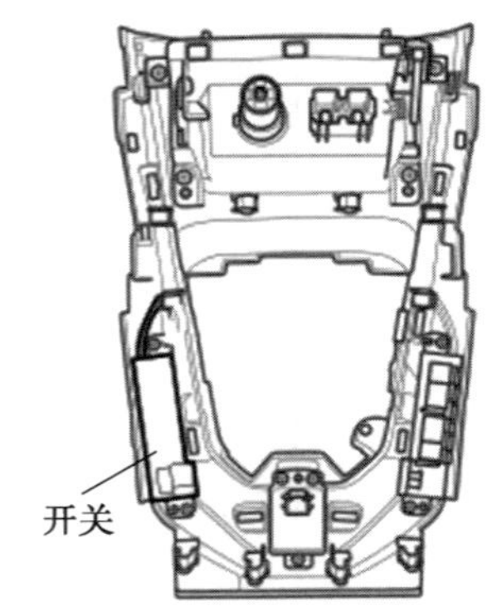

图 5–3–2　自动紧急制动系统开关

（2）检查电路线束及接插件连接处是否对插到位，有无松动、破损、腐蚀等问题，若未达到要求则修复或更换。

提示：主要对自动紧急制动系统内各部件及其他相关联模块的电路线束接插件进行检查。

（3）检查自动紧急制动系统警示器、网关、组合仪表、ABS 插件内的插针是否有退针、弯曲等异常现象，如有则修复或更换。

完成上述检查后填写表 5–3–2。

表 5–3–2　部件及接插件诊断记录表

序号	项目	诊断结果	维修建议
1	自动紧急制动系统相关部件外观		
2	电路线束及接插件连接、固定情况		
3	插件内的插针是否有退针、弯曲等异常现象		

3. 用诊断仪读取故障码及数据流

用诊断仪读取故障码及数据流，并填写故障码及数据流诊断记录表（表 5–3–3）。

表 5–3–3　故障码及数据流诊断记录表

序号	项目	诊断结果	维修建议
1	故障码		

续表

序号	项目	诊断结果	维修建议
2	数据流		

三、检修实施

1. 更换前视摄像头（表 5-3-4）

表 5-3-4　更换前视摄像头

序号	图示	作业要领	完成情况
1	1—内后视镜上护罩	从箭头位置拆下内后视镜上护罩	完成□ 未完成□
2	1—内后视镜下护罩	从箭头位置拆下内后视镜下护罩	完成□ 未完成□
3	A—连接插头　B—固定卡扣　1—前视摄像头	关闭启动开关，断开连接插头，脱开固定卡扣，取下前视摄像头	完成□ 未完成□

续表

序号	图示	作业要领	完成情况
4	—	安装新的前视摄像头。安装以倒序进行	完成□ 未完成□

简述前视摄像头的拆卸注意事项。

2. 标定前视摄像头

完成前视摄像头的标定，并简述标定注意事项。

3. 更换并标定毫米波雷达

参考学习任务一完成毫米波雷达的更换和标定，并记录操作过程中存在的问题。

四、交付验收

1. 操作功能验证

实际进行自动紧急制动系统相关操作，验证故障现象是否消失，并记录操作过程中遇到的问题。

2. 仪表显示检查

检查仪表显示是否正常。

完成上述检查后，填写验收记录（表 5-3-5）。

表 5-3-5　　验收记录

序号	项目	标准	自检	小组长检验
1	故障码	无		
2	数据流	正常		
3	设备整理	齐全、完整		
4	场地清洁	符合 7S 标准		

学习活动 4　工作总结与评价

学习目标

1. 能以小组形式对学习过程和成果用展板等形式进行汇报总结。

2. 能在教师指导下完成对学习过程的综合评价。

3. 能根据实际情况任选一款车型，描述新能源汽车自动紧急制动系统的结构、原理及主要部件的检修方法。

建议学时

6 学时。

学习过程

一、工作总结

以小组为单位，选择演示文稿、展板、海报、视频等形式中的一种或几种，向全班展示、汇报学习成果。

二、综合评价

针对本任务的学习情况，根据表 5-4-1 所列综合评价标准进行评分。

表 5-4-1　　综合评价标准

<table>
<tr><td colspan="5">新能源汽车自动紧急制动系统故障诊断与排除</td><td colspan="3">日期：</td></tr>
<tr><td colspan="3">姓名：</td><td colspan="2">学号：</td><td colspan="3">班级：</td></tr>
<tr><td>序号</td><td>评价项目</td><td>评价内容及标准</td><td>配分 / 分</td><td>评分要求</td><td>自评</td><td>互评</td><td>师评</td></tr>
<tr><td>1</td><td>工作组织与管理</td><td>□能进行有效沟通和团队协作
□能及时检查工作进展和效果，保证高质量完成工作
□能及时处理工作中遇到的问题，提出创新性、可行性建议，提高客户满意度</td><td>15</td><td>未完成 1 项扣 5 分，扣分不得超过 15 分</td><td></td><td></td><td></td></tr>
<tr><td>2</td><td>安全与防护</td><td>□能规范进行工位 7S 操作
□能规范进行设备和工具的安全检查
□能规范进行车辆安全防护操作
□能规范进行工具清洁、校准和存放操作
□能规范进行三不落地（包括工量器具、设备及零部件、油污）操作</td><td>15</td><td>未完成 1 项扣 3 分，扣分不得超过 15 分</td><td></td><td></td><td></td></tr>
<tr><td>3</td><td>工具使用</td><td>□能正确选用维修工具和校准专用工具
□能正确使用维修工具进行拆装
□能正确使用校准专用工具进行校准</td><td>5</td><td>未完成 1 项扣 2 分，扣分不得超过 5 分</td><td></td><td></td><td></td></tr>
<tr><td>4</td><td>资料收集与使用</td><td>□能正确使用维修手册查询资料
□能正确使用用户手册查询资料
□能在规定时间内查询所需资料
□能正确记录所查询资料的章节和页码
□能正确记录所需维修信息</td><td>5</td><td>未完成 1 项扣 1 分，扣分不得超过 5 分</td><td></td><td></td><td></td></tr>
<tr><td>5</td><td>故障诊断</td><td>□能正确使用诊断仪检测数据流及故障码
□能正确分析电路
□能判断控制模块工作是否正常
□能判断系统数据流是否正常</td><td>20</td><td>未完成 1 项扣 5 分，扣分不得超过 20 分</td><td></td><td></td><td></td></tr>
<tr><td>6</td><td>故障检修</td><td>□能正确操作自动紧急制动系统
□能正确拆装并标定前视摄像头
□能正确拆装并标定毫米波雷达
□能正确完成自动紧急制动系统的交付验收</td><td>35</td><td>未完成 1 项扣 7 分，扣分不得超过 35 分</td><td></td><td></td><td></td></tr>
<tr><td>7</td><td>报告撰写</td><td>□字迹清晰
□语句通顺
□无错别字
□无涂改
□无抄袭</td><td>5</td><td>未完成 1 项扣 1 分，扣分不得超过 5 分</td><td></td><td></td><td></td></tr>
<tr><td colspan="3">总分</td><td>100</td><td>得分</td><td></td><td></td><td></td></tr>
<tr><td rowspan="2">总评</td><td colspan="2" rowspan="2">自我评价 ×20%+ 小组评价 ×20%+ 教师评价 ×60%</td><td colspan="2">综合得分</td><td colspan="3" rowspan="2">教师（签名）：</td></tr>
<tr><td colspan="2"></td></tr>
</table>

拓展学习

1. 根据实际情况选择一种车型简述该车型自动紧急制动系统的工作原理。

2. 根据所选车型自动紧急制动系统的特点，完成表 5–4–2。

表 5–4–2　______________车型自动紧急制动系统零部件的拆卸与检查

序号	自动紧急制动系统零部件	拆卸步骤及注意事项	检测项目